GERTRUD HÖHLER
DEMOKRATIE IM SINKFLUG

Für Lino,
den ich über alles liebe.

* * *

Den Mächtigen,
die Konsensstörer ausschalten,
in unerschütterlicher Hoffnung
ans Herz gelegt.

GERTRUD HÖHLER

DEMOKRATIE IM SINKFLUG

WIE SICH ANGELA MERKEL UND EU-POLITIKER ÜBER GELTENDES RECHT STELLEN

FBV
EDITION TICHYS EINBLICK

Bibliografische Information der Deutschen Nationalbibliothek:
Die Deutsche Nationalbibliothek verzeichnet diese Publikation in der Deutschen Nationalbibliografie.
Detaillierte bibliografische Daten sind im Internet über http://dnb.d-nb.de abrufbar.

Für Fragen und Anregungen:
info@finanzbuchverlag.de

1. Auflage 2017

EDITION TICHYS EINBLICK
© 2017 by FinanzBuch Verlag,
ein Imprint der Münchner Verlagsgruppe GmbH
Nymphenburger Straße 86
D-80636 München
Tel.: 089 651285-0
Fax: 089 652096

Lektorat: Dr. Annalisa Viviani, München
Korrektorat: Sonja Rose
Umschlaggestaltung: Manuela Amode
Umschlagabbildung: picture alliance/R4200
Satz: inpunkt[w]o, Haiger (www.inpunktwo.de)
Druck: GGP Media GmbH, Pößneck
Printed in Germany

ISBN Print 978-3-95972-063-2
ISBN E-Book (PDF) 978-3-96092-104-2
ISBN E-Book (EPUB, Mobi) 978-3-96092-105-9

Weitere Informationen zum Verlag finden Sie unter

www.finanzbuchverlag.de

Beachten Sie auch unsere weiteren Verlage unter www.m-vg.de

INHALT

5

Wenn die Sonne sinkt

High Noon für die Planwirtschaft der Gefühle und Gedanken

Das Medium ist die Message.

Das demokratische Dilemma

High Noon für die Planwirtschaft der Gefühle und Gedanken

Abendrot über Angela M's alternativloser Kanzlerschaft: Nichts mehr ist alternativlos, so pfeifen es die Spatzen von den Dächern – in Brüssel, in Ankara und Washington, in Den Haag. Selbst in Berlin legt der Bundesadler nicht mehr alternativlos die Flügel an, wenn die entmachteten Abgeordneten zu ihren Plätzen trotten.

In Washington ist die Alternative zu Obama an der Macht. Ein Dilettant namens Donald Trump, der immerhin den Vornamen mit dem Neffen des berühmtesten Moneymakers im Reich des genialen Walt Disney teilt. Trump zeigt Tag für Tag, dass es immer Alternativen zum Erreichten gibt – oberhalb und unterhalb der Ziele, die ein Vorgänger durchsetzte, um, ganz wie Trump auch, »America great again« zu machen. Kein amerikanischer Präsident hätte ein anderes Ziel haben können. Nur Trump, dem Draufgänger aus der Welt der hemdsärmeligen Selfmade-Manager, möchte eine empörte internationale Politlobby dieses noble Ziel verbieten. Dass es *moving targets* sind, denen Trump nachjagt, volatile Ziele also, flüchtig wie Antilopen, auffliegend im Schuss des Jägers wie Fasan und Wildente, unerreichbar kreisend wie der Adler im amerikanischen Wappen, das weiß der alternative Amtsinhaber sicherlich. Sein jüdischer Schwiegersohn nennt den schwer attackierten Rüpel im Oval Office »einen der liebenswürdigsten Menschen, die ich kenne«.

Die *windows of opportunity*, die alternativlos verschlossenen Fenster, gehen auch in den Zuschauerköpfen wieder auf, wenn sich herausstellt: Es gibt sie doch, die Alternativen.

Nur für die Erfinder der Alternativlosigkeit als Machtgarant wird es eng, wenn das Zeitalter der Alternativen anbricht. Abend-

rot für Angela? Noch steuert sie gegen. Versichert den Nieder-
ländern ihre »Solidarität«, weil sie ja Stellvertreter der timiden
Deutschen beim alternativen Handeln sind. Um regierungs-
deutsche Solidarität zu verdienen, müssen die mutigen Nieder-
länder freilich die Schrumpfung ihrer Handlungsmotive auf das
Nazithema in Merkels Lob hinnehmen. Die Kanzlerin wischte
so den Vergleich vom Tisch, den alle deutschen Bürger anstellen: dass in Holland, anders als in Deutschland, die türkischen
Falschmünzer mit den scheindemokratischen Betrugsmanö-
vern im Schatten einer Machtergreifung nicht erwünscht sind.

So ging es bisher: Wo keine Alternative sich auftat, wurden
Löwenanteile der Wahrheit gestrichen. Immer wieder obsiegte
die alternativlose Welt der Kanzlerin. Und die Deutschen von
heute haben sich eingerichtet in dieser Welt, die immer nur eine Lösung kennt, nämlich die der Herrschenden. Demokratie
auf der Intensivstation: Darum reden seit Jahren alle, die die
Wahrheit suchen, hier so leise.

Aber die alternative Welt ist *multitask* auf der Szene erschienen. Alternativlose Führungskräfte an der Staatsspitze leben
nicht mehr ungestört.

In Ankara, gleich nebenan und mit Deutschland auf deutsche Initiative eng verbunden, wütet ein ähnliches Tempera-
ment wie der ungebändigte Donald, der neben Recep Tayyip
Erdoğan geradezu berechenbar erscheint. Erdoğan kassiert die
Demokratie. Und Europas Politiker tun ihm den Gefallen, seine Entschlossenheit zu unterschätzen. Während der Diktator
in spe die Beweiskette für sein egomanisches Machtkalkül täglich verlängert, pendelt die alternativlos im Erdoğan-Deal ge-
fangene Kanzlerin zwischen Schweigen und diplomatischen
Segensformeln.

Erdoğan ist die Alternative zum antidemokratischen Erosi-
onsmanagement der Kanzlerin in der EU und in Deutschland.
Der türkische Präsident mit Alleinherrschaftsanspruch zeigt
der Alleingängerin aus Deutschland, welche »alternativen«
Konzepte ans Licht drängen, wenn man Demokratie mit der

Tarnkappe betreibt. Der Anspruch, »alternativlos« herrschen zu können, ist antidemokratisch. Und der Deal mit Erdoğan zum Flüchtlingsthema war nur als Tarnkappenprojekt möglich. Bei so vielen verdeckten Karten, wie sie die deutsche Regierung im Flüchtlingsdeal zugelassen hat, findet sich immer einer, der plötzlich alle seine Karten aufdeckt – und die Demokratieverräter der westlichen Welt mit ihren eigenen Zitaten schachmatt setzt.

Auch Martin Schulz verwüstet die Szene des »alternativlosen« Spiels. Ob er unzumutbar harmlos oder unerwartet gefährlich sei, allein dies herauszufinden, beschäftigt Deuter-Heere, die für das Pro- und Contra-Lager arbeiten. Schulz ist keine Alternative!, rufen die einen. Schulz ist *die* Alternative!, triumphieren die anderen. Und Schulz holt die Stimmen der Leute, die nicht »alternativlos« leben wollen. Auch er ist genau deshalb eine Alternative, weil er eine Fiktion zu Grabe trägt, die tief im Herzen keiner je geglaubt hat: Demokratie sei die Story vom Leben ohne Alternative. Also tödlich. Wie das Leben selbst. Gleichviel, welche Botschaften er bringt, die Leute sind ihm dankbar, dass er das Tabu kassiert. Schulz ist gefährlich für die Alternativenkillerin, weil er allen zeigt, was sie bis dahin nicht sehen durften: Die Monopolistin im Ergreifen von Alternativen heißt Angela Merkel. Ab jetzt wird die Gefolgschaft kleiner, die Beifall klatscht, wenn die Kanzlerin ihren voltenreichen Kurs als schnurgeraden Highway beschreibt.

Abendrot im Lande der Alternativlosen. High Noon für die Planwirtschaft der Gefühle und Gedanken. Ehe die Planlosen ihr Spiel machen: Den *homo ludens* von der Kette lassen, den *homo faber* als Mitspieler gewinnen. Ehe die Sonne sinkt.

DAS MEDIUM IST DIE MESSAGE

Fragt nicht nach seiner Botschaft: Schulz *ist* die Botschaft: Sie handelt von uns.

Nach Merkel, der Unberechenbaren, Alternativlosen, meldet sich Martin. Er *ist* die Alternative. Er bedient den moralischen Furor. Er bringt die alten Werte zurück.

Schulz sagt uns, ohne es zu wissen, wer wir sind. Er stellt die Diagnose wie ein Wald- und Wiesendoktor, der Gefühle genauso ernst nimmt wie Gedanken. Schulz sei ein Traditionalist, schreiben strenge Journalisten. Schulz ist Siebzigerjahre pur. So macht er die Punktlandung in den Herzen der Menschen. Schulz, der Vielsprachige, bringt die progressive Sozialdemokratie der Aufbruchsjahre zurück. Jenen unwiderstehlichen Mix aus Habermas für Dummies und Bildungszukunft, Arm in Arm mit Arbeiterpower als Aufsteigermythos. Daneben sehen die technokratischen Traditionshüter des rheinischen Kapitalismus alt aus. Die progressive Linke votiert auch heute für Schulz. Junge Leute, die die Siebzigerjahre nur vom Hörensagen kennen. Auch sie wollen den nostalgischen Geschmack der unschlagbaren SPD auf der Zunge spüren, einer SPD, die die Hochschulen umkrempelte und das Bildungsmekka für Arbeiterkinder öffnete. Schulz erweckt die traditionelle SPD wieder zum Leben, jene Partei, die Grundwertedebatten anstieß.

Dieses Schulz-Profil antwortet auf die Verlustbilanz in den Köpfen und Herzen vieler Deutscher, die bis zu seinem Auftauchen in der Bundespolitik sprachlos blieb.

Die AfD fing viele von diesen Unzufriedenen ein. Und Martin Schulz holt wiederum viele zurück in die alte Mitte des Parteienspektrums.

Da ist inzwischen viel Platz. Die Merkel-CDU hat die Mitte freigegeben, um links die SPD zu entmachten. Die Mitte liegt jetzt rechts von der CDU, auch das gibt dem Schulz-Wahlkampf eine bis dahin unbekannte Note: Er kämpft mit seinem politischen Moralismus rechts von der CDU – und holt damit Wähler, die nicht zum traditionellen SPD-Potenzial gehörten, bis heute.

Der Erfolg von Martin Schulz auf den ersten Wahlkampfmetern hat mit seinem Talentmix zu tun: Der Kandidat ist mit einem hohen Pegel Intuition unterwegs, den Männer im Allgemeinen nicht zu ihren Spontantalenten zählen möchten. Schulz weiß, was er gerade dieser Fähigkeit verdankt. »Fühldrauflos«, wie es die Wähler tun, könnte ein Wahlkampfmanager dieses Rezept nennen. Lass dich nicht durch Denken vom Fühlen abbringen. Schulz kann sich diesen Habitus leisten, weil er über ein langjähriges Training in der Welt der Politintrigen verfügt. Seine emotionale Stärke macht ihn vielen Konkurrenten überlegen. Auch der Kanzlerin, die emotional auf Sparflamme lebt. Merkels Gefühlskalkül in Notsituationen verwirrt die Anhänger eher und lässt scharfsinnige Beobachter kalt. Das »freundliche Gesicht« beim Grenzenschreddern erzeugte gemischte Gefühle bei Freunden und Gegnern. Schulz »entmischt« die Gefühle. Er erscheint »ehrlich«, wo Merkel mit übergesetzlichen Notständen operiert. Wer, mit Jean-Claude Juncker, Ehrlichkeit für eine Kleinbürgertugend hält, sei daran erinnert, dass der Ehrliche nicht nur die Wahrheit verteidigt, sondern auch die Ehre des Partners und seine eigene Ehre bewahrt.

Schulz gibt den linken Idealisten, den Ältere aus dem vorigen Jahrhundert unter großen Namen kannten: Helmut Schmidt, Willy Brandt. Schulz gibt ihn nicht nur, er *ist* dieser linke Idealist, der seit Jahren nicht bei der SPD, sondern nur bei der Linken zu finden ist – dort allerdings in Frauenkleidern: Sahra, die Kluge und Schöne.

Schulz hat ein Ass im Ärmel, das ihn so stark wie unabhängig macht: Nicht die SPD hat ihn erfunden. Er hat sich selbst erfunden. Niemand in der SPD, die jetzt von ihm profitiert, hatte diesen Schulz so auf der Rechnung, wie er jetzt unterwegs ist. Schulz ist ein Schulz-Projekt, das macht seine Glaubwürdigkeit aus, wenn er SPD-Ideen von gestern und heute mit Distanz und kritisch diskutiert. Er ist ein Kuckucksei im Nest der schwindsüchtigen SPD-Komparsen. Dieser Umstand erlaubt es den Wählern, in Schulz tatsächlich ein bis dahin beispielloses Versprechen zu sehen, das die sogenannten Volksparteien nicht mehr glaubhaft formulieren können. Auch hier gilt: Er *macht* nicht ein Verspechen, er *ist* dieses Versprechen für ein Revival des Glaubens an politische Performance erster Klasse.

Bloß nicht zu viel Vernunft, ist die mitlaufende Botschaft. Aber: Politik ist ein hochmoralisches Geschäft, wenn sie gut ist. Solche Bekenntnisse, mit der Waage der Justitia in der Hand, im Namen der sozialen Gerechtigkeit zu liefern, das passt. Auch Illusionen lassen sich in diesem Klima der Versöhnung von Kopf und Herz als Visionen verkaufen. Schon im Präsidium des EU-Parlaments wuchs die Gestaltungsmacht von Martin Schulz wegen seiner emotionalen Kompetenz: Menschen gewinnen, um Probleme zu beherrschen, das ist sein Geschäftsmodell.

Habermas für Schulabbrecher und Konsensverweigerer: Das ist die Wiedergeburt der sagenumwobenen progressiven Linken, die Versager zu Akademikern machen wollte und die Arroganz der Patriarchen zu brechen versprach. Die Arroganz der Macht kommt heute als Ohnmachtserfahrung bei Normalverbrauchern an. Die Schulz-SPD, so das implizite Versprechen des frisch zugereisten Kandidaten, fühlt wie du. Sie will nicht an deiner Stelle, sondern mit dir gemeinsam politisch handeln. Schulz fängt viele entlaufene Bürger wieder ein, die das Systemvertrauen verloren hatten; er gehört ja nicht zum System. Zu seinem Mischtalent gehört es, dass ihm ein Salto mortale glückt, den vor ihm keiner geschafft hat: Nachweislich einer vom EU-Establishment, tritt er als der Panzerknacker contra Establishment auf – und man glaubt ihm. Wie macht er das?

Die Antwort ist ebenso bewegend wie einfach: Schulz lebt seinen Traum. Noch einmal der Mann aus dem Volk zu sein, der Abgestürzte, der aufgestanden ist, um weiterzulaufen, immer weiter und immer bergauf. Einer, der den Herzschlag der einfachen Leute im eigenen Herzen spürt, im gleichen Takt. Einer, der etwas Unschätzbares besitzt, was ihn seiner Gegnerin in der Spitzenpolitik überlegen macht: Schulz hat eine Story. Wer eine Story hat, obendrein eine wahre Story, der wird siegen, sagen die Amerikaner. Merkel hatte nie eine Story, es gab Gründe, eine wenn vorhandene zu unterdrücken. Die Kanzlerin reüssierte mit einer *hidden story*, die zu erzählen entweder zu langweilig oder zu gefährlich war. Wir wissen es nicht.

Der SPD-Mann Schulz hat eine Story. Dass er bei seinen Zuhörern Widersprüche abdeckt, hat mit dieser Story voller Widersprüche zu tun. Wer Widersprüche abdeckt, fängt alle ein.

In diesem Sinne, gleichviel wie der Wahlkampf ausgeht, steht Martin Schulz für das Ende der alternativlosen Welt der Angela M.

DAS DEMOKRATISCHE DILEMMA

Erdoğan stellt die westliche Demokratie auf den Prüfstand. Der Augenblick ist günstig – aus Erdoğans Perspektive: Die westlichen Demokratien produzieren ihre Bedrohung selbst, da hat ein Aggressor von außen leichtes Spiel. Viel mehr als den Sprachbaukasten mit den angeschlagenen Werten der »freien Welt« kann die *Leading Nation* im EU-Poker, Germany, nicht aufbieten, um die Machtgeschichte des Diktators in spe zu beeinflussen. Der deutsche Sprachbaukasten bietet Meinungsfreiheit, Pressefreiheit und Gewaltenteilung auf, drei Schwergewichte mit Verfassungsrang. Frei von Schrammen sind sie freilich nicht; die Schleifspuren haben die Demokraten selbst zu verantworten. »Recht und Anstand«, ein Softpackage, das der deutsche Außenminister beisteuert, sind Schall und Rauch über dem wogenden Fahnenmeer jenseits der türkischen Grenze. Und in Deutschland, überall dort, wo die Wahlkämpfer ihre »privaten« Auftritte durchsetzen, brandet das rote Fahnenmeer über den Köpfen der heimatfern zum Systemwechsel für daheim entschlossenen Auslandstürken auf. Die Botschaft der eingereisten Fighter für Massenknast und Zentralgewalt umflutet die Wohlstandskinder mit türkischem Pass wie eine unwiderstehliche Versuchung: So geht Macht, und so geht nationale Stärke. So wird unser Heimatland zum Sieger über die abweisenden Europäer.

Nicht erst hier beginnt die deutsche Mitverantwortung, aber hier kulminiert sie. Und kollidiert mit dem Impuls, den handlungsstarken Helden von nebenan nicht zu verstimmen, weil wir längst mit ihm in einem Boot sitzen. Verfassungsvokabular richtet da wenig aus. Es hat schon beim Flüchtlingsdeal mit Erdoğan keine Rolle gespielt.

Der Sprachbaukasten wird auch heute nur für die deutschen Bürger durchbuchstabiert. Wie wenig die Politiker ihren Textlieferungen zutrauen, wie sehr sie aber auch um die Entschärfung dieser ihrer Placebo-Munition bemüht sind, zeigen die Wortfelder, in denen die Weichzeichner unterwegs sind. Der Außenminister: »Es gibt einfach Grenzen«, sagt Gabriel in einem Geschichtsaugenblick, da gerade Grenzen außer Kurs geraten sind. Wer in Europa nach Macht strebt, der nutzt diese historische Chance. Wenn irgendetwas zur offenen Flanke Europas und der EU geführt hat, dann der geschichtsmächtige Schritt der deutschen Kanzlerin, Grenzen zur Disposition zu stellen. »Einfach« wird das Thema »Grenzen« nie mehr sein. Und Gabriel hat ja auch nur eine einzige Grenzüberschreitung abgelehnt, den Nazi-Vergleich. Allgemeiner Konsens gesichert. Und andere Grenzüberschreitungen? Wer in Deutschland auftreten will, müsse sich »an die Spielregeln halten«, sagt der Außenminister. Aber was in der Türkei läuft, ist kein Spiel mehr! Sein türkischer Kollege diktiert der gesäuberten Zeitung *Hürriyet* sein Fazit zur deutschen Demokratie: »Das ist ein total repressives System.«

»Meinungsverschiedenheiten«, sagt die Kanzlerin, »unterschiedliche Auffassungen« seien im meinungsfreudigen Klima der deutschen Demokratie weichzuspülen. »Das halten wir aus«, lautet das Fazit der Kanzlerin. Aber war das die historische Fragestellung: Ob »wir« das »aushalten«? Ob die zigtausend Verhafteten, Entrechteten, Gefolterten in der Türkei das neue Regime »aushalten«, ist kein Motiv für unsere Haltung? Ob unsere Demokratie, wie andere Sprecher und Schreiber meinen, belastbar genug sei, um die Auftritte fahnenumwehter Diktatorenförderer vor den künftigen und den bereits mundtot gemachten Opfern zu verkraften, ist doch die falsche Frage. Wenn unsere Meinungs- und Versammlungsfreiheit dazu dient, auf unserem Boden lebende Bürger eines anderen Landes zu Mitspielern bei einem antidemokratischen Systemwechsel zu machen, dann wird ein Dilemma sichtbar. Demokratie ist nicht ansteckend. Im Gegenteil: Der Entscheidungsbeschleuniger in Großsystemen heißt Autokratie. Da wird die Entmachtung der

Parlamente zum Kollateralschaden. Die Gipfelpolitiker der EU meiden zwar die Vokabel, schätzen aber das Prinzip autoritärer Missachtung des Volkswillens längst mit konspirativem Augenzwinkern. Dass sie mit dieser Geringschätzung des demokratischen Credos genau jetzt an ihre Grenzen stoßen, steigert die Bekenntnisfreude der verunsicherten Demokraten gegenüber einem Despoten am Rande Europas, der die Wende vom demokratischen Wirtschaftspolitiker zum Alleinherrscher soeben vollzieht.

Die deutsche Kanzlerin ist am besten disponiert, das Drama der Geburt einer Diktatur auf dem europäischen Kontinent beharrlich zu entdämonisieren. »Wir halten das aus« ist ein verbales Ablenkungsmanöver, das den Fokus der Mitverantwortung einfach verschiebt.

Sind wir im stolzen Bewusstsein, das überlegene System zu bewohnen, mit der Freigabe unserer Versammlungsorte für die Demagogen der Unfreiheit Geburtshelfer einer Diktatur? In Deutschland leben besonders viele Anhänger des türkischen Präsidenten. Dass die mehrheitlich in die Nähe ihres künftigen Freiheitsfeindes überwechseln wollen, wird nicht berichtet. Sie genießen die Vorteile der Demokratie in Deutschland und anderswo. Aus dieser »Position der Stärke« leisten sie sich ein zweifelhaftes Heimatbekenntnis, dessen Preis andere bezahlen werden. Sie wählen in Erdoğan den starken Führer, der den Europäern zeigt, was in der türkischen Nation steckt.

Erdoğans Plan, über das wohlkalkulierte Täuschungsmanöver »Referendum« seine Alleinherrschaft zu legitimieren, hängt wesentlich von dem AKP-Potenzial der in Deutschland lebenden Türken ab. Das ist den deutschen Politikern bekannt. In ihren verbalen Fluchtversuchen aus dieser Mitverantwortung spiegelt sich das Unbehagen, das zum Dilemma gehört: Verbündet mit dem machthungrigen Staatschef, dessen Pläne beim Abschluss des Flüchtlingsdeals schon absehbar waren, ist das demokratische Europa nicht mehr frei genug, neben den eigenen Freiheiten auch die demokratischen Rechte anderer

Bürger zu verteidigen, die im Fangnetz einer Machtergreifung ihrer bürgerlichen Freiheiten beraubt werden.

Die Wahlkampfauftritte türkischer Politiker in Deutschland prüfen ganz nebenbei das Verfassungsethos der deutschen Politik. Mit den deutschtürkischen Stimmen, die das rote Fahnenmeer in die Türkei schwemmt, steigen die Chancen des Umstürzlers Erdoğan, sein Land in die Knechtschaft zu führen. Und da kommt dann doch eine Nazi-Erinnerung ins Spiel: Auch die deutsche Diktatur nutzte die Formalien des Rechtsstaats zur Machtergreifung. Auch die Nachbardemokratien Europas, Großbritannien, Frankreich und alle anderen Staaten der westlichen Welt respektierten die erschlichene »Rechtmäßigkeit« des totalitären Systems auf deutschem Boden über mehr als ein Jahrzehnt in einem Unheil fördernden *Business as usual*, das dem Regelwerk der diplomatischen Traditionen folgte.

Deutschland hat einen Erfahrungsvorsprung in Sachen Diktatur, der alle Voraussetzungen zum mutigen Auftritt im Augenblick einer historischen Chance bietet, wie sie heute mitten in Europa vor unseren Augen entsteht: Es ist die seltene Chance, Wiedergutmachung einer unerwarteten Spielart zu liefern. Diese Chance könnten wir wahrnehmen, indem wir die Rolle des Förderers von Stimmengewinnen des Erdoğan-Lagers bei den hier lebenden Türken zurückweisen.

Unter den zahlreichen auch verfassungsgerechten Begründungen wäre die wichtigste zu nennen und öffentlich zu bekräftigen: dass Deutschland sich den Lehren der eigenen Verantwortung für zwei Diktaturen auf deutschem Boden im zwanzigsten Jahrhundert nicht entziehen will. Deutschland stellt sich den Lehren der Geschichte, so die Botschaft. Deutschland wird seinen errungenen Status als freie demokratische Gesellschaft nicht den üblichen Standards der kooperativen Stabilisierung totalitärer Systeme opfern. Deutschland stattet seinen Dank ab, seit Jahrzehnten auf der Seite der Freiheit durch die Geschichte gehen zu dürfen. Deutschland verweigert sich als Komplize bei den Umsturzplänen eines Nachbarstaatschefs auf europäischem Boden. Türkischer Wahlkampf für eine antidemokratische Machtergreifung findet in Deutschland nicht statt.

Die deutsche Kanzlerin aber bleibt bei ihrem Konzept, keine Täternamen zu nennen. Nicht die Werte stehen auf Rang eins, sondern die »Interessen«. »Unser Interesse« könne es nicht sein, »dass die Türkei sich noch weiter von uns entfernt«. Die Türkei wird sich aber weiter von uns entfernen, weil sie nicht daran denkt, Frau Merkels Interessen zu bedienen.

Verspätung war in guten Zeiten ein Erfolgsmodell der deutschen Kanzlerin. Die Zeiten haben sich geändert. Dennoch arbeitet sie weiter nach diesem Prinzip. Nach dem schmucklosen Begräbnis der Pressefreiheit in der Türkei startete die Mahnung der deutschen Kanzlerin an Erdoğan, die »Pressefreiheit zu wahren«. »Es lohnt sich«, sagt die Kanzlerin im Jahr 2017, »von unserer Seite sich nach Kräften für die deutsch-türkischen Beziehungen einzusetzen – auf der Basis unserer Werte, unserer Vorstellungen und in aller Klarheit.« So sieht Nullsummen-Talk aus. Vor allem Klarheit soll vermieden werden.

Die Kanzlerin ist es gewohnt, von ihren Gefolgsleuten bei diesem Prinzip der »strategischen Unklarheit« unterstützt zu werden. Und Deutschland hat sich daran gewöhnt, dass Verzögerung oder auch Verweigerung von klaren Positionen als erfolgreiches Herrschaftsmodell gefeiert werden. Was ohnehin läuft, wie es läuft, wäre auch durch Positionsangaben nicht zu verändern gewesen, so die Überzeugung der Kanzlerin. Der logische Rückschluss lautet also: Merkel war auch bei Putins Krim-Annexion und bei seiner noch andauernden Eroberung der Ukraine von Anfang an überzeugt, dass ernsthafter Widerstand gegen das neue Imperatorenprofil des Russen keinen Erfolg gehabt hätte – außer einer Loserrolle für die Putin-Gegner. Dergleichen hat Merkel in ihrer politischen Karriere immer vermeiden können. Niemand konnte ihr erfolglose Aufbrüche nachweisen.

Merkels Gefolgschaft ist auf dieses Prinzip eingeschworen. Im Jahr 2016 wurde dort der Satz produziert, »das Jahr 2015 dürfe sich nicht wiederholen«. Dabei bestand rein zeitge schichtlich gar nicht die Möglichkeit, nach 2016 wieder ein Jahr 2015 einzuschieben. Es wurde also ein Sachverhalt zur Managementaufgabe erklärt, der irreal war und ist. Der absurde Satz beschäftigte auch die Medien, ohne dass irgendjemand auf seine Realitätsferne hinwies. Und er wurde gebraucht. Ein Jahr, das sich nicht wiederholen dürfe, bot das Versteck für eine Tat, die sich nicht wiederholen sollte. Weil es eine Tat mit sehr kontroversem Echo und hoher unerwünschter Nachhaltigkeit war, eine Tat der Kanzlerin, im Alleingang verübt, musste eine Formel her, die das makellose Bild der unerforschlichen Herrscherin Europas unangetastet ließ. Die Grenzöffnung vom 5. September 2017 wurde von ihrer Lobby glatt aus dem Spiel genommen. Glücklich, wer solche Freunde hat? Oder?

Genauso verfährt die Kanzlerin im Fall der Machtergreifung des Sultans von nebenan. Nie kann man wissen, wer die Freunde von morgen sein werden. Am besten, man lernt, die Feinde rundum als potenzielle Freunde für morgen und übermorgen zu buchen – und prophylaktisch zu schonen, egal wie weit sie sich von den »Werten« entfernen, die auch bei uns aktuell außer Kurs geraten.

Die demokratische Verfassung der Bundesrepublik Deutschland verlangt keineswegs die Öffnung unserer Hallen und Plätze für Wahlkämpfer anderer Länder. Im Gegenteil bedarf die Einreise ausländischer Politiker in jedem Einzelfall einer Genehmigung der Bundesregierung. Es dauerte Monate, bis die Regierung gezwungen werden konnte, zu diesem bis dahin öffentlich verschwiegenen Sachverhalt Stellung zu nehmen. Man werde, so die Regierung am 10. März 2017, diese Genehmigung auch künftig weiter erteilen; womit nebenbei bekannt wurde, dass die heiß diskutierten Wahlkampfauftritte türkischer Spitzenpolitiker regierungsamtlich genehmigt waren. Kein deutsches Regierungsmitglied goss mit dieser Information Öl ins lodernde Debattenfeuer.

»Unsere Meinungsfreiheit« wurde also mit Zustimmung der Regierung gekapert von Promotoren eines demokratiefeindlichen Projekts. »Wir halten das aus« ist ein Satz aus dem Wörterbuch von Egomanen, die zur Empathie so wenig fähig sind wie zur Folgenabschätzung. Niemand kann bestreiten, dass die Regierungsgenehmigungen für Erdoğans Wählerfänger im Ministerrang nichts anderes sind als Wahlhilfe für die Abschaffung der Demokratie in Erdoğans Reich. Mit der Freigabe deutschen Terrains für die Demontagetrupps der türkischen Antidemokraten wird die deutsche Führung zum Komplizen des Diktators.

Der New Deal
für die leise
Revolution:
Regieren ohne
Opposition

Der größte Wettbewerber ist mit im Boot: die SPD.
Die Liberalen sind entsorgt.
Die Entdemokratisierung kann beginnen.

Ideologiefreie Zone für den Politikwechsel

»Politikwechsel!« Das ist der klassische Schlachtruf der Opposition vor Wahlen. So auch 2013 in Deutschland. Die postdemokratisch geprägten Bürger aber interessierten sich nicht mehr so sehr für Parteien. Die Wählermehrheit wollte keinen Politikwechsel. Sie wollte mehr vom gleichen: mehr Merkel, egal mit wem.[1] So entstand der neue deutsche Deal: Politikwechsel ohne Chefwechsel. Nur wenige wunderten sich: Die Christdemokraten gewinnen, und die Sozialisten regieren. Die Chefin liefert den Politikwechsel. Sie bringt die Opposition an die Macht.

Der neue deutsche Deal wird zwar noch nicht als EU-Trendsetter gefeiert; in Turbulenzen sinkt der Bedarf an Neuigkeiten. Aber die Erfolgsgeschichte der deutschen Kanzlerin beim Gleichschalten der Parteienprofile erreicht mit diesem New Deal einen weiteren Etappensieg. Das europäische Gesamtkunstwerk Merkel'scher Prägung braucht keine ideologischen Kontraste mehr.

Der Kanzlerin kann der geräuschlose Politikwechsel nur recht sein. Die »Große« Koalition als Machtbasis für den kleinen Partner, das ist *Undercover*-Politik vom Feinsten.

Im gemütlichen Schlagschatten der ideologiefernen Chefin kehren die Ideologen zurück an die Macht. In der Achtzig-Prozent-Demokratie zieht die Zwanzig-Prozent-Minderheit die sozialpolitische Revolution durch.

Die wenigen Zweifler überrascht die Kanzlerin mit einem wertbeschwerten Argument, das den Steuersenkern von der FDP vier trickreiche Jahre lang verweigert wurde: »Es steht im Koalitionsvertrag!« Der Sprung auf eine lange leer stehende Argumentationsebene überrascht die Untertanen.

Keiner von ihnen findet die Zeit, das ideologisch hochexplosive Projekt zu entdecken, das im Schatten der ideologiefreien

Zone um die Kanzlerin entsteht: Die Staatswirtschaft als Komfortzone für die Mächtigen in Europa. Dieses Projekt ist es, dem die ehemals ultralinke Andrea Nahles zuarbeitet.

Von dieser linkslastigen gemeinsamen Mitte aus betrachtet, beginnt »rechts« schon dort, wo kürzlich noch die bürgerliche Mitte war. Während linkspopulistisch regiert wird, warnt die Achtzig-Prozent-Regierung vor »Rechtspopulisten«.

Wer aber wundert sich wirklich, dass sozialpolitische Geisterfahrten den Bürgern gefallen?

Wer die Führungsaufgabe so umpolt, dass nicht die Stärken der Menschen, sondern ihre Schwächen belohnt werden, braucht sich über gute Umfragewerte für Führungsleichtsinn nicht zu wundern. Wer die »Alles jetzt«-Mentalität anheizt und Nachhaltigkeit in die Parallelwelt der Sonntagsreden verbannt, verzichtet im Grunde auf Führung. Wer auf Führung verzichtet, wird ein Knecht flottierender Begehrlichkeiten und Komfortwünsche. Wer die Spätfolgen der »Alles jetzt«-Politik den Bürgern nicht erklärt, der delegiert auch Verantwortung – an die regierten Mehrheiten, die keine Chance haben, ihre Verantwortung zu erkennen.

So entsteht immer mehr Staat als Führungsprojekt neuen Stils: Der Politikwechsel wird verschleiert, weil die Mehrheitsbesitzer auf ihren Plätzen bleiben. Der Neue Deal gilt dem Richtungswechsel unter dem täuschenden Motto der Kontinuität. »Weil es im Vertrag steht«, wandern die Löhne in staatliche Hand. Bald wird die Logik zum nächsten Schritt zwingen: Nach den Löhnen die Preise. Was planwirtschaftlich nicht ganz rundläuft – wie die verstaatlichte Energiewirtschaft – wird in die Höhenluft von Europa geschickt. So gelingen nationale und EU-Machtgewinne vor den arglosen Augen der Bürger Europas.

Erst einmal schluckt der Krisenwohlstand den Politikwechsel. Wir fliegen mit Pippi Langstrumpf, die jetzt Andrea heißt, ins Sozimärchenland. Bei der harten Landung wird die gesamte Märchentruppe schon außer Sichtweite sein.

Wir lernen »groß« zu denken, wie es die Krisenstrategen vormachen. Da erscheinen die Schleifspuren der Währungsretter in Südeuropa als »Kollateralschäden« auf Schlachtfeldern, denen wir unser Konjunkturhoch verdanken.

Der Politikwechsel gelingt einstweilen aus drei Gründen: Langsamkeit, Unübersichtlichkeit und Komfort.

Die Langsamkeit, ein Grundsatz der Merkel-Politik, gibt Zeit zur Gewöhnung. Die neue Unübersichtlichkeit im politischen Europa verstärkt die Staatsfreundlichkeit der Bürger. Der Komfort des »guten Lebens« lässt jede Bedrohung unwirklich erscheinen. Die Grundstimmung: keine *mission statements*, keine Visionen.

Die gelenkte Demokratie erscheint als willkommenes Versprechen.

Der Politikwechsel eröffnet eine leise Revolution.

GERMAN LEADERSHIP FÜR EIN AUTORITÄRES EUROPA

European Leadership: Deutschlands Kanzlerin war seit ihrer Amtseinführung mit diesem Ziel unterwegs. »Deutschland wird sich verändern«, ihre Ankündigung schon *vor* der großen Einladung an alle Deutschland-Fans, diesen Satz hätte Angela Merkel schon zu Beginn ihrer ersten Kanzlerschaft als Zielmarke ihres Regierungshandelns angeben können. So halb gehört verhallt wie im Jahr 2015 wäre diese Botschaft freilich in ihrer Startphase nicht. Das wusste die frisch gewählte Kanzlerin; deshalb wählte sie andere, unverdächtige Vokabeln wie »modernisieren«. Wer will schon unmodern sein? Schweigen belohnte die Kanzlerin für ihre so gar nicht DDR-konforme Idee. Das dachten manche CDU-Mitglieder auch, und weiter: War Merkel am Ende doch eine Dissidentin gewesen in der DDR? Eine verkappte Revolutionärin, die nun, auf Westboden angekommen, ihre Idee von einer ganz anderen Gesellschaft umsetzen würde?

Diejenigen, die das schon Anfang des Jahrtausends dachten, hatten recht, ohne es zu wissen. Tatsächlich begann mit Angela Merkels Kanzlerschaft ein Systemwechsel, den andere europäische Länder bis heute nicht mit dieser Radikalität und Konsequenz durchsetzen. Dass die *German Leadership* im Europa der Finanzkrise, der »Rettungsschirm«-Politik als Überlebensprogramm für den Euro, selbst beim Alleingang der Kanzlerin bei der Verstaatlichung der Energiewirtschaft und schließlich beim folgenreichen Solo der Kanzlerin bei der Schleifung der europäischen Grenzen, dass *German Leadership* als Motto über dem europäischen Spiel mit vorher nie akzeptierten Risiken stand, leitete sich schlicht aus Erwartungen an die ökonomische Überlegenheit eines Landes ab, das von der riskanten Geldpolitik der EZB am meisten profitiert. Die bewunderte deutsche Konjunktur im schwächelnden Europa ist ein Kunstprodukt; auch die deutschen Politiker möchten daran nicht erinnert werden.

Das Merkel-Jahrzehnt hat die deutsche Position an der Spitze des Systemwandels in Europa trotz oder wegen einer Kette von Rechts- und Regelbrüchen und Wertverlusten gefestigt, während die Zweifel an der Demokratieverträglichkeit des Systems Merkel wachsen.

Der Widerspruch ist schnell aufzulösen: Merkels politische Ziele sind immer noch der Spekulation überlassen, und ehe die europäischen Partner in Brüssel diese Spekulationen gegen Wahrheit eintauschen möchten, überlassen sie sich lieber der Gewohnheit, dass Deutschland auf eine beklemmende Weise »führt« – und kein anderes Land in Europa nach der Krone der »Königin Europas« greift. Dieser Gesetzmäßigkeit folgen aber in aller Regel Systemwechsel, für die später niemand verantwortlich sein will.

Die deutsche Kanzlerin verfolgte vom Start ihrer Regierungszeit an eine eigene Agenda. Ihr Umgang mit Rechtsnormen und Werten hat sich von Anfang an vom Grundkonsens ihrer Vorgänger und der Bevölkerung unterschieden. Die Kanzlerin wusste das. Sie agierte so unauffällig wie möglich, um offene Kollisionen mit den ethischen Geborgenheitsmodellen der Gesellschaft zu vermeiden, in die sie nach dem Mauerfall geraten war.

In Deutschland wurde durch die Kanzlerschaft Angela Merkels der Systemwechsel regierungsamtlich beschleunigt, den Nachbarstaaten eher erschrocken als Aggression von außen oder Revolten im Inneren erleben und unbeholfen zu managen versuchen. Die deutsche Kanzlerin isolierte spontan und selbstgewiss ihre Kritiker, deren Zahl in diesem Steppenisotop stetig anwuchs. Frankreichs Opponentin Marine Le Pen ist dagegen schon lange mit um die 20 Wählerprozente auf der politischen Bühne. Deutschland hat in Strebermanier die »Schmuddelkinder« ins Ghetto geschickt: Weder als Streit- noch als Spielkameraden zugelassen, so das Regierungstabu. Über Jahre war der Antikonsens erfolgreich; das Heimholen war kein Thema. Verantwortung der politischen Führung für so viel Widerspruch ist ebenfalls offiziell kein Thema.

Von welcher Fahne sind sie denn gegangen, die fatal gemischten Zwischenrufer? Die Fahne darf doch ohnehin schon seit dem letzten Bundeswahltriumph nicht mehr gezeigt werden. Damals, im Wahljubel des Jahres 2013, schwenkte der heutige Gesundheitsminister Hermann Gröhe eine kleine Papierfahne in Schwarz-Rot-Gold, vorn in der Führungsriege stehend. Mit einem scharfen Griff entriss die Chefin Merkel ihm die Fahne: Die *hidden agenda* der Kanzlerin schlug zu. Kein Medium fragte nach.

Die Führungsrolle in Europa blieb über drei Legislaturperioden bei Angela Merkel. International wurden ihr Spitzenplätze in der allgemeinen *awareness* verliehen. Dominierte in der Finanzkrise noch die Bereitschaft der Wähler, Sedativa als politische Botschaften einzuschätzen – »Wir sagen den deutschen Sparern, dass ihre Einlagen sicher sind« –, so lieferten in der Ära der »Rettungsschirme« verklärende Vokabeln wie »Rettung« im Zusammenspiel mit kryptischen Abkürzungen wie ESM (Europäischer Stabilitätsmechanismus) oder EFSF (Europäische Finanzstabilisierungsfazilität) genau jenen Demutseffekt, der die Laienschaft der Wähler auf Abstand hielt und vor ›dummen Fragen‹ zurückschrecken ließ: Dass die »Rettung« der europäischen Währung galt, also ein System zum Thema hatte, nicht Menschen, wurde nur eigensinnigen Denkern klar.

Die deutsche Kanzlerin wurde mit einem Credo ausgestattet, das in ihre Machtstrategie der »alternativlosen« Entscheidungen passte: »Scheitert der Euro, dann scheitert Europa.«

Heute, einige Jahre später, ist »Scheitert Europa?« zu einer realistischen Frage geworden – die der in der vorigen Runde »gerettete« Euro nicht gegenstandslos macht.

Deutschland war für die Rolle des Spardiktators von der Kanzlerin perfekt vorbereitet worden: Das Machtprofil von Angela Merkel war ausgestattet mit einem Set gegensätzlicher

Qualitäten, die ihr von Krise zu Krise die Bereitschaft ›ihrer‹ Wähler sichert, eine unberechenbare Machtpolitik als »alternativlos« hinzunehmen. Wo die Ursachen dieser Großzügigkeit von Mandatsgebern liegen, zeigt sich seit der bisher dramatischsten Krise, der Völkerwanderung nach Europa, deutlicher.

Das *split profile* der Kanzlerin – gnadenloses Spardiktat als »humanitärer Imperativ« – wurde vom deutschen Wählerpublikum akzeptiert, weil es als Gerechtigkeitsaktion gegenüber Verschwendern und »Dolce far niente«-Fans in Südeuropa verkauft wurde. Dass die Chancengerechtigkeit für Hunderttausende junger Europäer in diesem Strafkommando unterging, wurde nur von wenigen Vorausdenkenden erfolglos in die Debatte geworfen. Deutschlands Bürger hatten sich längst angewöhnt, die *Leadership* ihres »starken Landes« als Garantie für eigenes Wohlergehen zu verstehen. Bestraft wurden nur die anderen. Was konkret ihnen genommen wurde, um sie für Brüsseler Zuwendungen zu qualifizieren, ließ sich auch im soften Bühnenlicht der »Eurorettung« und »Rettungsschirme« zusammenfassend so beschreiben: Die Kandidaten für die Unterwerfung hatten erfolglos mit einem Einheits-Euro gewirtschaftet, der für ihre Wirtschaftskraft zu stark war – und ist. Verschuldet wie sie waren – und noch für Jahrzehnte sein werden –, sollten sie die Staatskosten drastisch senken und die Bürger mit erhöhten Abgaben, gesenkten Renten und verlorenen Arbeitsplätzen zu würdigen Empfängern von Brüsseler Subventionen werden. Verdecktes Ziel der EU-Attacken im Namen der »Rettung« war das kostbarste Gut jeder Nation, ihre Souveränität. Der humanitär maskierte Wirtschaftskrieg gegen die südeuropäischen Länder bot die Gelegenheit, »mehr Europa« in Ländern zu erzwingen, deren wirtschaftliche Lage sie wehrlos machen musste – so der EU-Entwurf.

Deutschland galt als Garant dieser »Austeritätspolitik«, und die Kanzlerin selbst überwachte die Standards und Konditionen, denen die »Verlierer« beim Wagnis Euro unterworfen wurden.[2]

Die »Eurorettung« konnte langfristig mit diesen Eingriffen nicht gelingen, weil das zentrale Handicap der Südeuropäer, die »falsche« Währung, fortbesteht. Im Jahr 2017 darf angesichts des britischen Ausstiegs und der politischen Verwerfungen in immer mehr Euroländern gefragt werden; ob die Idee, den Euro vor den Völkern zu retten, denen er keinen Erfolg bringt, nicht hätte eingetauscht werden müssen gegen das Ziel, vor dem Euro die Völker zu retten, deren Jugend von dem hybriden Projekt »ein Euro für alle« bereits auf die Verliererstraße geschickt wurde.

Was sagt die Schirmherrin der »Rettungsschirme« zum Ergebnis ihrer *Leadership*-Position, die sie sicher nicht ohne ihr Prinzip des »humanitären Imperativs« betrachten möchte?

Die eurogeschädigten Länder – Griechenland und Portugal, Spanien und Italien – kämpfen mit Verwerfungen in ihrer demokratischen Identität. Scheitern die Euroretter, weil ihnen das Währungssystem wichtiger ist als die Kulturen, die ein Vereintes Europa unschlagbar machen würden?

Diese Kernfrage führt unweigerlich zurück zu Angela Merkels *hidden agenda*. Im Jahr 2017 ist der Umbau der deutschen Identität als demokratisches Land und European Leader weiter fortgeschritten als die meisten Bürger wahrnehmen. Die »kleinen Schritte«, von denen die Kanzlerin sich den großen Erfolg versprach, schon als sie 2005 erstmals Kanzlerin wurde, haben den Systemwechsel zu einem schleichenden Gewöhnungsprozess gemacht.

Merkels politische Ziele sind nur ohne Wirtschaftskompetenz erreichbar

Wer 2013 Merkel wählte, bekam Nahles und Gabriel. Die beiden dürfen im Multimarkenshop der CDU ihre Produkte verkaufen. Bunter geht's nicht. Jahrelang hat die Kanzlerin sich um die Markenkerne der anderen gekümmert. Heute ist das Chamäleon CDU die farbigste Kraft im politischen Markt.

Nun will sie »erspüren«, was mit denen los ist, die sich im Dschungel der Städte verstecken und falsche Wahlentscheidungen treffen. Ein Job für Cityscouts, die Generalsekretär Peter Tauber mit der *Refreshing*-Formel »weiblicher und jünger« auf die Straßen schickt.

»Erspüren« ist der Gegenentwurf zu »führen«, so viel wird klar. »Wie müssen wir werden, damit ihr uns wählt?«, lautet die Frage. Die »Alles jetzt«-Politik holt sich die Wünsche ihrer Verweigerer ab.

Das Motto im ideologiefreien Multimarkenshop gilt auch für 2017: der Unvernunft eine Chance.

Botschaften, die der coolen Jugend in den Großstädten gefallen müssten. »Deine Rechte«, so versteht sie den Appell des sozialunionsdemokratischen Konzepts, »sind die Pflichten der anderen. Halt die Leute am Ruder, die so bunt daherkommen wie du selbst.«

Die CDU und Merkel: Wer braucht hier wen, wenn keine Inhalte mehr transportiert werden? Noch kann die Marke Merkel nur auf dem Umweg über die CDU angewählt werden. Aber das Zusammenrücken der beiden großen Volksparteien im System M löscht jede demokratische Alternative. Damit wird Merkels Rettungsslogan zur Staatsräson: »Es gibt keine Alternative.« Was für den Euro galt, gilt nun für Renten, Mindestlöhne, Mietpreisbremse und Energiewirtschaft. Und natürlich für die Flüchtlingspolitik. Die Parteien sichern ihre Zukunft; da bleibt für die Sicherung des Wohlstands nur eins: Einigkeit macht stark. Opposition ist so von gestern wie die Parteiendemokratie. Das Satyrspiel vom schuldenfreien Staat geht pünktlich über die Bühne, und keiner schaut hin, welche Schuldenberge der Jugend soeben aufgeladen werden.

Die »Modernisierung« der CDU, das Projekt der Kanzlerin, hat den Wertehimmel der Christlich Demokratischen Union auf die Erde geholt: Hier und jetzt findet es statt, das »gute Leben« aus der Regierungserklärung. Fortuna, die jetzt Andrea heißt, erfüllt sich ihre Kinderträume. Der starke Staat umarmt seine Kinder so entschieden, dass einigen schon heute die Luft ausgeht: den Kreativen, den Wettbewerbsfreunden, den freiheitshungrigen Gestaltern.

Der Staat holt sich, was er der Wirtschaft via Kartellamt verbieten würde: eine marktbeherrschende Stellung.

Es wäre das dritte Mal in nicht einmal hundert Jahren, dass deutsche Bürger gut gelaunt in die Staatswirtschaft streben – den Arm voller Geschenke, den Kopf voller Versprechen für ein »gutes Leben«. Immerhin wäre das Politik im Rückwärtsgang, nach sehr kurzer Erholungszeit. Keiner sagt: »Das hatten wir doch schon?«, weil alle Überschriften neu sind.

Die »Modernisierung« der CDU wird als wertfreies Projekt verstanden: Raus aus der Welt der Bekenntnisse, rein in die coolen Treffs der Politvaganten, meinungsfreudig, Karriere statt Credo.

Wer die modernisierte CDU so erlebt, bleibt als Wähler frei, auch andere Angebote zu wählen.

Die entkoppelte Kanzlerin holt genau bei diesen Freischwimmern im Mainstream Stimmen. Kein Wunder, dass sie de facto in Richtung Einheitspartei unterwegs ist. Deshalb wird es auch Zeit, die Legende zu enttarnen, als sei der Kompetenzverlust der CDU im Feld Wirtschaft so etwas wie ein Unfall bei der Arbeit.

Tatsächlich ist die Ausschaltung von wirtschaftlichem Sachverstand das Kernprojekt aller Regierungen Merkel.

Die Verlust-Story von der CDU-Wirtschaftskompetenz ist in Wahrheit die Geschichte einer planvollen Entsorgung. Dafür braucht es einen langen Atem. Die Erfolgsmelodie trägt die Handschrift der Kanzlerin: Langsam handeln, leise handeln, nie selbst kommentieren. Spätes Erwachen der Beobachter garantiert.

Welche Ziele sind es, die sich ohne Wirtschaftskompetenz schneller erreichen lassen? Erstens: Nur ohne Wirtschaftskompetenz kann eine Partei hemmungslos verstaatlichen, was sich ihrem Machtanspruch entzieht. Eine Regierung ohne Wirtschaftskompetenz legt den Sachverstand der Wirtschaft an die ideologische Kette.

Zweitens: Ohne Wirtschaftskompetenz kann eine regierende Partei den Kernsektor der Volkswirtschaft, die Energiewirtschaft, komplett verstaatlichen, ohne intern Widerspruch zu erfahren. Dem staatswirtschaftlichen Testlauf der Energie folgen weitere Branchen.

Drittens: Die Entsorgung der CDU-Wirtschaftskompetenz schaffte die Voraussetzungen für die Zustimmung zu den Gesetzesvorhaben der linkslastigen Sozialdemokraten. Nach jahrelangem Linkskurs der CDU ist die Witterung der Partei für wohlstandsfeindliche Wettbewerbsverzerrungen wegtrainiert.

Die Bilanz: Wo wirtschaftspolitischer Sachverstand vertrieben wird, tritt Ideologie an seine Stelle. Man gewinnt Freunde im oppositionellen Lager.

Dieser Positionswechsel ist der CDU nicht zugestoßen; er ist das Projekt der Parteiführung,

Wohin will die Regierung Merkel? In die nächste Regierung Merkel. Die Orientierung am Machterhalt verdrängt unsere gemeinsamen Erfahrungen mit den Wohlstandsgeneratoren der sozialen Marktwirtschaft. Wer einen von ihnen, den Wettbewerb, in wachsenden Zonen abschaltet, wer Wettbewerbsergebnisse wie Löhne und Preise staatlich einmauert, der gefährdet auch die Leistungsfähigkeit einer Sozialpolitik, die vor allem mit diesem Pfund wuchern will: dem Wohlstand.

Es wird Zeit, dass wir das Szenario zu Ende denken. Denn die Bilanz ist klar: Angela Merkel kann ihre politischen Ziele nur ohne Wirtschaftskompetenz erreichen.

Die Zeit der Alleingänge beginnt

Die Kanzlerin erprobt erstmals radikal ihren Entwurf für einen Status, den die Kanzler vor ihr nicht in Anspruch genommen haben.

Die Verstaatlichung der gesamten Energiewirtschaft wird im Handstreich als Alleingang vollzogen.

Politik als Gefühlsmanagement. Im Namen des Guten – die Planwirtschaft schlägt zu

Wie war das noch in den Jahren 2011 und 2012? Die bis dahin kühnste Kehrtwende der Kanzlerin liefert den Beweis: der planwirtschaftliche Rundumschlag geht nur ohne Wirtschaftskompetenz. Die Kanzlerin wechselt von Entschleunigung auf *high speed*.

Die Halbwertzeit des Umweltministers Norbert Röttgen dauert von Montag bis Dienstagabend, dann wird er überflüssig. Was er, Norbert Röttgen, dem Chef des Energiekonzerns RWE, Jürgen Grossmann, wendetrunken an den Kopf geworfen hat – er werde sich bald am Rande der Gesellschaft wiederfinden –, das trifft nun ihn selbst, den urteilsstarken Minister. Zumindest in seinem Biotop, der politischen Sonderzone, sitzt er jetzt nicht mehr in der ersten Bank.

Er ist eben nicht Herkules, den die Athene Europas, Angela Merkel, zum Schutzpatron ihrer bisher explosivsten Wende ausgerufen hat: der Energiewende. Der römische Herkules ist der blasse Nachfahre eines Griechen – ob die Zuchtmeisterin der Prügelknaben Europas das bedacht hat? Der griechische Held Herakles verzehrt seine Söhne – das würde wieder passen, wenn Merkel nun selbst die ›Herkulesaufgabe‹ stemmen will. Denn die Blitzwende vom NRW-Wahlmontag auf den Dienstag hat ja auch das Profil des Umweltministers radikal gewendet: vom Experten Röttgen zum leidenschaftlichen Amateur in der Wunderwelt der »Energiewende«, Peter Altmaier. Damit ist noch einmal belegt, was viele fast vergessen hatten: Für politischen Erfolg kann Sachkenntnis tödlich sein.

Nach dem Husarenstück vom 14. März 2011 (›Moratorium‹ für sieben, dann acht Atomkraftwerke) und dem kompletten ›Atomausstieg‹ Ende Juni 2011 verflog das deutsche Streberglück im schnell erwachten Wettstreit der Betrogenen mit den Glücksrittern der erneuerbaren Wirklichkeit.[3] Die Kanzlerin erfuhr von den Regulierern, dass man auf dünnem Eis unterwegs sei. Und entdeckte schnell den multifunktionalen *Loser*, der beides mit in die Wüste nehmen sollte: die verlorene Wahl und die Krise der Energiewende. Röttgens Sturz lieferte den Theaterdonner, der von den drei Kernzielen dieser kühnen Parforcetour vom 14. zum 16. Mai 2012 ablenkte: verlorene Wahl in NRW, schwer kriselnde ›Energiewende‹ – und ein letzter Rivale, der verweigerte, was alle vor ihm gelöffelt hatten: Norbert Röttgen wählte den offenen Kampf. Damit wurde umso klarer, dass er ein gefährlicher Gegner werden könnte. Einer, der im Fallen das Schwert zieht, rettet ein Stück von seiner Ehre.

Die Presse titelte nach diesem Pas-de-deux zweier Machtmenschen, nun sei eine neue Kanzlerin auf die Bühne gesprungen. Hatte wirklich niemand ihre ›Härte‹, von der jetzt gesprochen wurde, vorher bemerkt? Gab es ein Tabu vor der treffenden Beobachtung, dass hier erstmals einer auf der Abschussliste stand, der Angela Merkel ähnlicher ist als alle vor ihm? Röttgen zwang die Chefin, die Hinrichtung diesmal nicht als Suizid an das Opfer zu delegieren, sondern zu ihrer Tat zu stehen.

Auf den ersten Blick ist die Energiewende eine triviale Story aus dem System M: Machtlüsterne Chefidee gerät in die Logik des Misslingens, weil Ideologie die Alltagsklugheit niederwalzt. Im Business geschieht das regelmäßig: Rückzug von Siemens aus unfertiger Offshore-Technik, Rückzug von Thyssen-Krupp aus einem Jahrhundertprojekt in Brasilien, Scheitern von Facebook beim Börsengang. Lauter Herkules-Projekte.

Wäre es nicht die Regierungschefin, die den tollkühnen Schlag ins Herz der Marktwirtschaft führte, so würde man von einem ›Staatsstreich‹ sprechen. Die Kanzlerin setzte mit ihrem Angriff auf das Aktienrecht, auf Vertrags- und Eigentumsrechte die wichtigsten Bremssysteme der Marktwirtschaft außer Kraft. Sie vollzog im Handstreich die Verstaatlichung der Energiewirtschaft – und setzte damit die Ursachen für die Interessenkonflikte und die Lähmung des marktwirtschaftlichen Wettbewerbs, die sie heute durch Blendgranaten zu überstrahlen sucht. Schon im Frühjahr 2011 wurde die technologische Machbarkeit des Turbo-Umstiegs nach dem Täuschungsmuster ›Ethik statt Experten‹ unter dem Präsidium von Klaus Töpfer bescheinigt, der später als Kandidat für das Bundespräsidentenamt wieder auftauchte.

Die Motive für Merkels Salto mortale in eine illusionäre Turbo-Umrüstung der gesamten Energielandschaft sind bekannt: Enteignung der grünen Kernbotschaft; Wahlen in Baden-Württemberg; Kopfsprung in eine Stimmungspolitik, die neben maßvollen Ausstiegsszenarien von Rot/Grün und der von Merkel geführten Großen Koalition 2005 bis 2009 auch ein brandneues Gesetz ihrer aktuellen schwarz-gelben Koalition schredderten. Die Begeisterung über so viel Selbstherrlichkeit im Namen des ultimativen Guten war groß in Deutschland. Auch Preissteigerungen beim Strom schloss die Kanzlerin wider besseres Wissen aus. Ungefragt schwor sie auch, man werde auf keinen Fall Atomstrom von europäischen Nachbarn einkaufen. Wenige Wochen vergingen, da liefen die Transfers, aber keiner fragte nach.

Stimmungspolitik zu machen, ist nicht ein Kerntalent von Angela Merkel. Als der japanische Tsunami das meernahe Kernkraftwerk Fukushima flutete, sah die Kanzlerin wieder einmal den Kairos, jenen schnell vorüberziehenden Augenblick des Machtzuwachses, den Helmut Kohl noch altmodisch den ›Mantel der Geschichte‹ genannt hatte. Die Antiatomlobby in Deutschland wäre buchstäblich im Handstreich auf ihre Seite zu ziehen, die Entmachtung der Grünen versprach ein mächtiges Wählerpotenzial, also musste sie, die ins Schweigen Verliebte, einen Betroffenheitsauftritt hinlegen, der in der deutschen Stimmungsdemokratie alle Dämme unterspülte und die Machtergreifung der Herzen über die Köpfe garantierte.

Wer den emotionalen Wende-GAU der Kanzlerin drei Monate nach dem Tsunami getextet hat, bleibt einstweilen im Dunkeln. Die Beweisführung, mit der Merkel ihre Betroffenenkompetenz begründet, mutet dem Publikum eine Kette von gefühlsgeladenen Scheinwahrheiten zu, die das ›persönliche‹ Fazit der Kanzlerin in den Mittelpunkt stellen. Da ein »Hochtechnologieland wie Japan« die Risiken der Kernenergie nicht beherrschen könne, so Merkel, »sage ich für mich: Ich habe eine neue Bewertung vorgenommen.« Du musst hochsubjektiv formulieren, werden ihr die Berater gesagt haben, das kommt an in Deutschland. Wenn du nur für dich sprichst und deine Bewertung für alle verbindlich machst, brauchst du keine Argumente.

Kein Wort über die Standortwahl der Japaner für das Unglückskraftwerk; keine Silbe zur Erdbebengefährdung des Standorts; kein Halbsatz zu den Unterschieden zwischen deutschen und japanischen Sicherheitsnormen. Auf keinen Fall in die Sachdebatte einsteigen!, mögen die Merkelberater gewarnt haben.

So holt die Kanzlerin mit dem Verweis auf Risiken, die in deutschen Kernkraftwerken nicht bestehen, eine tonnenschwere Ladung Großrisiken in unser Land, die heute ein Bekenntnis fordern würden, das sie auf keinen Fall ablegen will: Wir haben uns überschätzt. Fatal wird dieser tollkühne Willkürakt, weil er einer schweren Krise ohne Not eine weitere hinzufügt: Die Staatsschuldenkrise in Europa wird durch den regierungsamtlich angezettelten Energie-GAU verschärft.

Die Kanzlerin sei eine Regentin, die ›auf Sicht‹ fährt, so hört man. Etwas strategische Navigation sollte dazukommen, hoffen die Bürger. Der Staat, dessen Energiezentralen die Chefin 2011 enteignet hat, gehört nämlich eigentlich den Bürgern.

Sprengmeisterin unterwegs: Etappenziel ist die grenzenlose gelenkte Demokratie

In Merkels *hidden agenda* waren schon früh die Werkzeuge vorsortiert, die Deutschlands *Leadership* jenseits der trügerischen wirtschaftlichen Stärke sichern sollten. Während andere europäische Länder mit unerwünschten Entwicklungen an den Rändern des demokratischen Spektrums kämpften, fielen in Deutschland die Grenzen zwischen den Parteien. Entgrenzung war von Anfang an ein Kernthema von Merkels Machtentwurf. Mit den Grenzen zwischen den seit 2013 regierenden, traditionell als Wettbewerber um die Plätze von Regierung und Opposition anerkannten großen Volksparteien CDU und SPD, fielen auch die Unterschiede der politischen Angebote. Die Kanzlerin nahm seit 2005 die ehemalige Oppositionspartei SPD als Themenpool zur Wählermischung und Wählerbindung neuer Art wahr. Die Linksdrift, die damit entstand, wurde zwar wahrgenommen, aber wirksam mit Merkels »Modernisierungslogo« umgewertet: Die Zukunft lag also links von der Union, und es dauerte nicht lange, bis sich im wachsenden Vakuum auf der Rechten Protestgruppen bildeten, die den nächsten Schachzug erleichterten: »Rechts« war von nun an definitiv mit dem Affix »extrem« zu brandmarken. Die softe Linksdrift der Regierungschefin konnte damit als die neue stabile Mitte deklariert werden.

Grenzöffnung war also für die deutsche Kanzlerin ein Mittel zur Zentralisierung ihrer Macht. Im Jahr 2015 Grenzen international zu schleifen, war aus Sicht der Kanzlerin daher kein spektakulärer Schritt.

Die Vorbereitung auf Rechtsbrüche und Verfassungsverstöße hatte in vielen »kleinen Schritten« (Regierungserklärung 2005) die Bereitschaft der Kollegen in Europa und Deutschland sowie der deutschen Bürger in einem fließenden Prozess mitgenommen auf eine Reise hinter die Grenzen der Demokratie. Unkonventionell mit Rechtsnormen und Werten umzugehen, wurde im vergangenen Jahrzehnt zu einem Elitemerkmal. Wer vorn mit dabei sein wollte in der grenzüberschreitenden Eurorettung, der hatte gelernt, auch den Souveränitätsentzug als Mittel zur Unterwerfung südeuropäischer Euro-Opferländer statthaft zu finden.

Dass der Wirtschaftskrieg mitten in Europa zum Abbruchunternehmen am Traumschloss Europa werden könnte, ging offenbar keinem der sanktionsstarken »Retter« des Euro durch den Kopf.

Die deutschen Bürger haben sich im Merkel-Jahrzehnt auch daran gewöhnt, die Kanzlerin nicht immer »unter das Gesetz gestellt« zu erleben, sondern bei ihren solitären Höhenflügen in postdemokratische Zonen »über dem Gesetz« agieren zu sehen. Dass sie sich als Revolutionärin versteht, die mit kühlem Herzen Regeln bricht, um »humanitäre Imperative« an deren Stelle zu setzen, kommentiert die Kanzlerin nicht. Sie braucht ihr Inkognito, um die *hidden agenda* voranzutreiben.

Als: Sprengmeisterin an den Grenzen des Rechts hat die Kanzlerin eigentlich deutlich genug gezeigt, wohin die Reise mit ihr geht. Immer sind ihre Alleingänge von moralischen Ablenkungsmanövern begleitet: So die Verstaatlichung der Energiewirtschaft, ein ökologisch-humanitär überzuckerter planwirtschaftlicher Coup gegen Recht und Gesetz. Das Umfeld der Kanzlerin war 2011 schon seit Jahren von Wirtschaftskompetenz befreit. Wirtschaftskompetenz in Parteien ist der Garant, dass die Stimme der sozialen Marktwirtschaft nicht verstummt. Demokratie ohne Wirtschaftskompetenz in der Regierungsmannschaft trennt sich unmerklich auch von dem zentralen Versprechen, den wirtschaftlichen Wettbewerb als Wohlstandsgenerator nicht planwirtschaftlich matt zu setzen.

Die Parlamentarier klagten das Handicap nur selten ein. Inzwischen werden die Regierungskritiker durch limitierte Sprechzeiten und drohende Degradierungen gestoppt.

Deutschland ist der unbestrittene Profiteur der artifiziell optimierten Finanzszene Europas. Die Kühnheit, mit der die Kanzlerin dieses Privileg als Basis ihrer Akzeptanz »gesetzt« sieht, müsste jeden überraschen, der die Ups and Downs der Konjunkturgeschichte anschaut. Dass die Kanzlerin und ihr Vizekanzler in der grenzenlosen Gipfellandschaft der Koalition planwirtschaftlich Farbe bekennen, wird öffentlich kaum wahrgenommen, weil der softe Eintritt in eine Welt mit mehr Plan und weniger Markt über Jahre regierungsamtlich vertreten wurde. Mehr Plan und weniger Markt heißt auch: weniger marktwirtschaftliche Kompetenz und mehr Nonchalance im Umgang mit Zukunftsverantwortung. Merkels »Energiewende« wurde rechtzeitig bei ihrem Vizekanzler Gabriel geparkt; aber Gabriels Scheinrettung im Fall Tengelmann/Kaiser's liefert soziale Wärme bis zur Wahl 2017.

Deutschlands Bürger haben die Marginalisierung der Parteien wahrgenommen. Abgefedert wurde ihr Unbehagen gegen die Sickerprozesse von SPD-Themen in die Regierungspolitik durch Regierungsbotschaften, die den parteiübergreifenden Konsens als das höchste Ziel in Krisenzeiten verklärten. Da praktisch durchgehend »Krise« deklariert werden konnte – von der Finanzkrise zur Eurokrise, zur Eurorettungskrise, ein Vorprogramm verglichen mit der Königin aller Krisen, der Flüchtlingskrise –, entstand ein *common sense* in Richtung Einheitspartei: Zusammenrücken im Notstand. Eine neue Behaglichkeit begleitete das Große Konsenstheater, in dem nun zumindest virtuell alle mitspielen durften, die begriffen hatten: Dein Unbehagen verfolgt dich, wenn du allein bleibst.

Zugleich blieb den Deutschen von Krise zu Krise das Wissen, quasi auf dem Gipfel Europas, als Mitglieder der Führungsnation Deutschland eigentlich gefahrlos gestellt zu sein – im Gegensatz zu den strauchelnden Partnerländern rundum.

Im *driver's seat* dieser *leading nation* erlebten die deutschen Bürger eine international gepriesene Kanzlerin, die überall die leise Tonlage lieferte, zu der den Männern meist die Gelassenheit fehlte. Dass Deutschland dieselbe Spaltung erfuhr, die andere Länder schon länger beunruhigte, wurde durch klare Regierungskommandos zum Umgang mit den Spaltern erledigt: Hände weg von der AfD, hieß der Befehl zur Isolation der Abgewanderten. Dass die deutsche Kanzlerin sich längst als Trendsetterin zur Überwindung der Demokratie positioniert hatte, entging ihren Wählern.

Als die größte Herausforderung am Horizont erschien, die zum bisher folgenreichsten Alleingang der »Kanzlerin über den Gesetzen« führte, hatten die deutschen Bürger schon einen *brainwash* in ihrem Wertehaushalt absolviert, der an Dichte und Tempo mit keinem Umwertungsschub früherer Kanzler zu vergleichen ist.

Parteigrenzen sind gefallen. Ein Credo der mächtigen Volkspartei gibt es nicht mehr. Ziele und Botschaften der Parteien sind austauschbar geworden. Die *mission statements* der traditionell am weitesten voneinander entfernten Parteien am rechten und linken Rand werden einander immer ähnlicher. Die SPD kann ihre Alleinstellung mit klassischen Versprechen der Sozialdemokratie nicht mehr nutzen, da ihre unsterblichen Themen unter einer parteiresistenten Kanzlerin Gesetzesrang erreicht haben: der Mindestlohn, die Homo-Ehe, die Frauenquote für Aufsichtsräte, noch mehr Regulierungen für die Finanzwirtschaft und noch mehr Jagdglück für Steuerfahnder, noch mehr Väterstunden, noch mehr Rechte für Zeitarbeiter und noch mehr Plan gegen noch mehr Wettbewerb.

Mit dem Tempo des Umbaus nahm das Desinteresse der Bürger an dem ideologischen Umbau Deutschlands zu. Die SPD versucht auch im Jahr 2017 noch, ihre Signatur auf den Triumphdokumenten der sozialen Gerechtigkeit lesbar zu machen. Das Desinteresse der Kanzlerin ist umfassender: Es gilt sogar den Paragrafen, die wie Mindestlohn, Homo-Ehe und

Frauenquote vor der Ära Merkel brisanter Debattenstoff im noch vitalen Parlament waren.

Die Demokratie selbst wird zum Handicap, wenn Autokraten, auch die ganz leisen wie Angela Merkel, ihre Höhenflüge über dem Gesetz und nach eigenen Wertkonzepten starten, ohne ihre hybriden Wagnisse mit ihren Kontrolleuren in den Parlamenten abzustimmen. Überall werden Grenzen abgeräumt. Für Tausende von deutschen Bürgern war der Aufruf der Kanzlerin, Gastgeber und Spielleiter eines bundesweiten Megafestivals zu werden, jetzt gleich, das schönste Kontrastprogramm zur Götterdämmerung der EU.

Die Leidenschaft, mit der die Menschen in Deutschland das Festprogramm »Willkommenskultur« an sich rissen, sagt mehr über uns Deutsche als wir wissen wollen. Die Einheitspartei der »guten Täter« gehorcht ohne Rückfrage. Ist das schon gelenkte Demokratie? Kein Nachbarstaat hat den Ansturm der Flüchtlinge so rauschhaft begrüßt wie die Deutschen.

Wenn die Grenzen zwischen Krieg und Frieden sich auflösen

Wladimir Putins imperiales Konzept

Die EU-Führung überschätzt ihre Macht.

Der Wirtschaftskrieg der EU gegen ihre schwächsten Mitglieder wird als »Rettung« inszeniert.

Putin als Merkels Lehrmeister: »Die Verfahren zum Überschreiten von Staatsgrenzen vereinfachen«

Der Westen kann die Zeichen der Zeit nicht mehr lesen. Und verhängnisvoll: Diese Diagnose verspätet sich. Wer außer Wladimir Putin, wer im Westen hatte dieses Versagen der Gefahrenwitterung auf der Rechnung? So müssen wir fragen, wenn wir die Kette der Niederlagen aufbrechen wollen, die alle Westbündnisse einfahren, die wir bisher für verlässlich hielten.

Verlust der Gefahrenwitterung ist der hohe Preis für eine kollektive Entscheidung von Nationen, sich ethisch überlegen zu glauben. Der Zusammenbruch des Warschauer Pakts wurde mit der These erledigt, das »Reich des Bösen« (Ronald Reagan) sei gescheitert. Europas neue Bündnisse, auch jene mit den befreiten Kolonien des Warschauer Pakts, konnten so als Pfeiler im »Reich des Guten« verstanden werden.

Die Europäische Union sollte der Gegenentwurf zur UdSSR werden: ein freiheitsgesteuerter Pakt souveräner Nationen.

Zum Verlust der Gefahrenwitterung trägt auch bei, wenn Verlierer von Siegern an die Hand genommen werden wie das vernichtete Deutschland 1945 von den westlichen Alliierten.

So, quasi als Schützling der Siegermächte auf die Siegerseite gewechselt, war das Wirtschaftswunderland auch bald gefährdet durch Selbstüberschätzung. Die zwölf Millionen Zeugen für den Fortbestand der totalitären Staatsräson in Deutschlands »Ostzone« wurden als Relikt des gescheiterten Regimes verstanden, nicht als die Botschaft von der Unbeugsamkeit einer

Führungsschicht im »Neuen Russland«, die uns heute in der Führung unerklärter Kriege unterrichtet.

Dieses strategische Modell für verdeckte Kriegsführung im 21. Jahrhundert hätten wir schon 2013 kennenlernen können, wenn wir nicht in der Selbstüberschätzung gereifter Demokratien Mitspieler ebenjenes neuen Trends wären, der Europa mit autoritären Bündnis-Regimes überzieht – zu denen auch die EU gehört.

Der nicht erklärte Wirtschaftskrieg gegen die südeuropäischen Länder, der als Rettungsaktion für Währungsbürger Europas ausgegeben wird, zeigt auffallende Anklänge an die Krim-Romantik des russischen Präsidenten, der mit einem Retterprofil unterwegs ist, das wir aus den kulturvernichtenden Rettungsaktionen der EU-Programmatik kennen, die eine deutsche Handschrift trägt.

Unsere Gefahrenwitterung hätte rechtzeitig, nämlich im Januar 2013, ein erschrockenes Erwachen feiern können – wenn nicht vieles dagegen gesprochen hätte, dem frisch ins Amt gebrachten Generalstabschef des russischen Präsidenten Putin zuzuhören, als er die Kriegsspielregeln für das 21. Jahrhundert wie ein neues Brevier des lautlosen Imperialismus vortrug, für den die Zeit reif sei.

Fast ein Jahr dauerte das Versteckspiel in Europa hinter der Sprachbarriere – schließlich sei die Rede auf Russisch erschienen –, bis Gerassimows Anleitung zur hybriden Kriegsführung ganz langsam in die Amtsstuben sickerte.

Wieder darf gefragt werden, wem im EU-Raum daran gelegen sein konnte, die Ankündigung der »verdeckten« (Gerassimow) Eroberungen in Guerillamanier nicht öffentlich bekannt zu machen.

Immerhin hätte das angeblich so »naive« Europa den Spielplan für Putins Annexion der Krim und, wichtiger noch, für die von außen so unübersichtlichen Regieleistungen des listenreichen Feldherrn in der Ukraine nicht in der tastenden Manier eines Blinden verfolgen müssen. Dass die EU-Politiker selbst mit dem russischen Schlachtplan in der Hand die ohnmächtigen Zuschauer gegeben hätten, ist zwar sehr wahrscheinlich. Aber das Rollenspiel der angeblich Ahnungslosen verlangt dennoch nach einer Erklärung.

Wenn »die Grenzen zwischen Krieg und Frieden sich auflösen«, wie Gerassimow sagt, dann erscheinen die Eroberung der Krim via »Referendum« wie auch die angeblichen »Separatisten« in der Ostukraine im Zwielicht eines neuartigen imperialistischen Konzeptes, das »die Regeln des Kriegs verändert«.

Der russische Stabschef liefert schon 2013 das komplette Drehbuch zum ukrainischen Drama: den »breit gestreuten Einsatz von Desinformationen ... in Verbindung mit dem Protestpotenzial der Bevölkerung«. Diese »nicht lineare Kriegsführung« setzt militärische Interventionen lange »verdeckt« ein: Sie greifen die Informationssysteme an und arbeiten mit Spezialtruppen. Der Stabschef liefert Klartext, und die EU versteckt ihn?

»Der offene Einsatz von Truppen – oftmals unter dem Deckmantel von Friedenserhaltung und Krisenbewältigung – kommt erst zu einem späteren Zeitpunkt in Betracht, vor allem um einen Konflikt endgültig zu gewinnen«, so Gerassimow. Schnelligkeit und das »Einkreisen feindlicher Kräfte« sowie »der kluge Einsatz von Fallschirmjägern« seien in dieser Phase des »Sieges« entscheidend.

Wir lesen: Der Ukraine-Feldzug hat den »späten Zeitpunkt« erreicht. Alles, was Gerassimow beschreibt, haben wir in der neuartigen Kriegsführung Putins in der Ukraine gesehen. Ist es denkbar, dass niemand an den politischen Schaltstellen Europas diese Strategie kannte? Da es weder denkbar noch wahrscheinlich ist, dass die EU-Politiker so ahnungslos waren wie ihre Kommentare, drängt sich die Frage auf, welche Strategie im politischen Europa dem Rollenspiel zugrunde liegt, dem wir hier zusehen.

Die ehemaligen Kolonien der UdSSR liefern seit Monaten die realistische Lesart des verdeckten Siegeszugs, ohne mehr als höfliches Gehör in den EU-Topetagen zu finden.

Deutschland, so könnte man meinen, wäre der ideale Diagnostiker für die *bad story*, in der die Halbinsel Krim und ein Teil der Ukraine zur Beute eines Kriegsherrn neuer Spielart wurden, der soeben die Gesetze seines Landes umschreiben lässt, damit »die Verfahren zum Überschreiten von Staatsgrenzen vereinfacht werden«.

Deutschland erscheint privilegiert auf dieser absurden Bühne, wo sich alte und neue Weltbilder unheilvoll mischen, denn: Deutschland hat Kolonialerfahrung mit dem »Ostblock« und mehr: Deutschland hat eine Staatschefin, die aus der Kälte dieses Machtblocks kommt. Und noch genauer: Die deutsche Kanzlerin gilt als Putin-Kennerin. In dieser Rolle konnte und kann sie spielend über das Grundvertrauen der deutschen Bevölkerung verfügen. Es genügt, dass die Medien melden: »Merkel hat Putin angerufen«, um jede Nachfrage zum Inhalt der mehr als vierzig Telefonate im Ukraine-Kontext vom Tisch zu wischen. Nach dem Effekt dieser Kontakte zu fragen, gilt als unhöflich, da doch jeder sieht: Es gibt ihn nicht.

Oder schlug es für Putins neue Guerillastrategie positiv zu Buche, dass die Kanzlerin tat, was sie immer tut: Zeit verlieren? Jeder Zeitverlust des Westens war ein Zeitgewinn für Putin. War der naive, wertetriefende Auftritt der EU-Gewaltigen von Anbeginn der Ukraine-Krise an nicht abgesprochen, so darf dennoch nach der Zielmarke dieses kongenialen Zögermanövers gefragt werden, das als Tugendmeisterstück aus dem Reich des Guten schon vor der Krim-Gefährdung begann.

Warum, mit welcher heimlichen Zielmarke im Auge erschien es profitabel zu warten, dass Gerassimows »verdeckte« Desinformationskampagne an Fahrt gewann?

Und das deutsche Privileg, die Putin-Kennerin am Steuerruder zu haben, warum führt es nicht zu einer offensiven Prophylaxe gegen den dschungelreifen Überfall auf freiheitshungrige ehemalige Häftlinge des totalitären Systems? Allein die Solidarität der Wendedeutschen mit den Leidensgenossen von ehedem hätte zu entschlossener Entlarvung der getarnten Angreifer führen können.

Sanktionen entlarven die tugendhaften Rollenspieler im freien Europa zusätzlich: Placebos werden den enteigneten Bewohnern der eroberten Länder die entzogene Freiheit nicht wiederbringen.

Die deutsche Kanzlerin, so heißt es, drängte auf Vollzug bei der zweiten Welle von Sanktionen. Mit Strafen, so mag sie meinen, habe man ja in Europa schon gute Erfahrungen gemacht. Wirklich?

Die Putin-Kennerin Merkel hat ihr Credo im neuen Ost-West-Konflikt vielfach vorgetragen: Sie nennt es eine »Doppelstrategie«: einerseits »Härte« und andererseits »die offene Tür«. Aber die Aggressoren sind gar nicht durch die Tür gekommen, sondern aus der Luft und über die Felder.

Die »Eurorettung« spaltet Europa

Während Putin das Kriegsbeil ausgräbt, entsteht ein Konsens undercover.

Auch in der EU gilt das Recht des Stärkeren.

Aus Freunden werden Gläubiger und Schuldner.

Wenn Putin das Kriegsbeil ausgräbt, dann im Namen des Völkerrechts. Und die Kolonialherren der EU entdecken das Recht des Stärkeren

Präsident Putin hatte schon den Waffenschrank geöffnet, als der EU-Lockruf zur Paartherapie ihn erreichte: »Wir müssen reden!« Die beiden Spontanreflexe sprachen auch nach Wochen erfolgloser Diplomatie die deutlichste Sprache.

Sie stellen aber nicht nur dem Kalten Krieger Putin eine eisige Diagnose, sondern entlarven auch die EU als schillernden Mitspieler in einer Story, die von Rechtsbrüchen und Machtlust handelt, in die beide Seiten verstrickt sind.

Putin kann es inzwischen sogar riskieren, von »russischen Menschen« statt von Minderheiten oder Mehrheiten zu reden, denen sein bewaffneter Beistand gelte, weil der »Mensch im Mittelpunkt« ein West-Zitat ist, das die Ankläger entlarvt. Das »Völkerrecht«, ein Passepartout der westlichen Allianz, ist also auch auf seiner Seite.

Auch Putin weiß: Wir könnten ohne Kriege auskommen. Aber er kennt die Macht der Bilder in den Köpfen. Man muss sie zeigen, die uniformierten Tausende im Gleichschritt, egal ob mit oder ohne Hoheitszeichen im Camouflage-Look. Man muss die Saurier der Weltkriegsära zeigen, die Kampfpanzer mit ihrem dröhnenden Kettensingsang, man muss die Geister wecken, die in Hunderttausenden von Gehirnen schlummerten, um Emotionen aufzuschrecken, die alle Vernunft überrumpeln.

Das Déjà-vu in den Köpfen sortiert die traumatisierten Europäer in Ost und West, in Pro und Contra. Für Putin reicht das.

In diesem Schlagschatten der Albträume des 20. Jahrhunderts schafft er Fakten. Wer nicht für mich ist, ist gegen mich, so die Botschaft an die Ukraine und ihre Halbinsel Krim. Das »Modernisierungsangebot« der deutschen Kanzlerin wirkt in diesem Jurassic-Park der auferstandenen Ungeheuer wie aus der Zeit gefallen. Es sei, sagt sie, »gegen niemanden gerichtet«. Gegen niemanden heißt »für alle«? In solchen Zeiten ein *Loser*-Programm oder blanke Hybris.

Der Mut zur Lücke fällt auf im Sprachbaukasten der Europäer. Das Referendum auf der Krim sei »illegal«, so die Sprachregelung. Wer dort seit wann regiert, scheint nicht der Rede wert. Aber in der 1. Märzwoche 2014 wurde von Soldaten in Kampfuniform das Parlament besetzt und ein neuer Regierungschef im Handstreich »gewählt«, dessen Partei nur drei Abgeordnete im Krim-Parlament hat. Der Vasall Russlands, Sergej Axjonow, waltete sofort seines Amtes: Er setzte jenen Hilferuf an Putin ab, der seither jeden Aufmarsch und jeden Rechtsbruch legitimiert: »Russland wird die Krim nicht in ihrer Armut belassen.« Axjonow habe der Krim-Mafia angehört, so ein zähes Gerücht. Die Akten der Strafverfolger gegen ihn und seine Kumpane bleiben einstweilen geschlossen: »Wer nicht mit meinem Befehl einverstanden ist, soll den Dienst quittieren«, so sein hoheitlicher Kommentar.

Putins Mann auf der Krim ist also das Geschöpf einer Blitzentscheidung des russischen Präsidenten, die in einem geistesgegenwärtig entfachten Blitzgewitter von Aktionen die hochkomplexe Antriebs- und Handlungsstärke des Machtpolitikers alter – und kalter – Schule zeigt. Dagegen nehmen sich die europäischen Samtfüßler tatsächlich wie »Schlafwandler« (*Economist*) aus. »Wir brauchen einen langen Atem«, sagt die deutsche Kanzlerin. Den haben wir schon, und in dessen mildem Luftstrom holt der Machtpolitiker Putin die Kolonien heim.

Nun wird deutlich, dass die westeuropäische Befangenheit im virtuellen Kriegsspiel handfeste Gründe hat: Auch die EU ist Kolonialherrin, und die rauen Fanfaren der Eroberer Südeuropas tragen die deutsche Handschrift. Das scheinbar so ungleiche Rollenspiel im Ukraine-Krim-Drama verdeckt, dass beide Lager Akteure in einer kontinentalen Story sind.

Das Leitmotiv dieser Epochenstory lautet: Autokratie und Unterwerfung. Arrondierung von Imperien ist das gemeinsame Thema aller Spieler; nur der Grad ihrer Offenheit unterscheidet sie. Die große Erzählung aber bindet sie alle. Putin kassiert den Lohn des Offensten, der die verschlossener Agierenden mit ihren eigenen Waffen schlägt: Er will russische Menschen schützen, teilt er mit.

Aber das Epochendrama eint alle in einem Großtrend, dessen Machtmelodie alle anderen Motive überlagert – so es sie denn gibt. Nicht nur Erdoğan und Putin kaufen Völkern ihre Souveränitätsrechte ab; auch die EU bietet Geld für Freiheitsrechte, zahlt für Ehre und kassiert die Würde der Pleitiers im Namen eines großen Reichs, das nicht einmal demokratisch legitimiert ist.

Da spendet Putins Aufmarsch dem entgleisten Staatschef Erdoğan den erwünschten Schlagschatten. Und der EU-Star Deutschland liest aus seinem Werte-Brevier vor, das er als Kolonialherr der gedemütigten Südeuropäer nie im Gepäck hatte.

Die Anklage der EU-Vertreter wird den unbefangenen Eroberer Putin schon deshalb kaltlassen, weil er sich beim Klagethema »Rechtsbruch« gerade bei den Europäern in bester Gesellschaft weiß. »Völkerrecht?«, so könnte er fragen. »Wie haltet Ihr es in Europa damit?« Und was meint der deutsche Außenminister, wenn er sagt, man werde die übrigen Russland-Anrainer »nicht alleinlassen«? Das wüssten vor allem diese verängstigten Länder gern.

Die EU erweist sich in diesem ersten todernsten »Außenkontakt« als handlungsschwacher Held. Was im reinen EU-Geschäft nur wenigen als Handicap erschien, das Merkel'sche

Prinzip der Problemverschleppung, ist mit dem handlungsstarken Gegner Putin zu einer offenen Flanke geworden. Das galt für die EU-Rhetorik zur Ukraine, und es kulminiert auf der Krim. Während Merkel in ihrer Regierungserklärung »die Solidarität von Mensch zu Mensch und andere zivilgesellschaftliche Kontakte« als Therapie für die zerrissene Ukraine empfahl, während sie versuchte, die offenkundige Agonie des Aufstands kleinzureden – »Die Ereignisse scheinen darüber hinwegzugehen« –, wurde deutlich: Die »Mensch-zu-Mensch«-Soap löst sich auf, wenn Machtmensch auf Machtmensch trifft. Dann findet die Story der Palaverhelden ein abruptes *Unhappy End*.

Putin zeigt den Europäern, wie man virtuelle Kriege im 21. Jahrhundert führt. Dass Siege vorläufig sind, weiß er. Aber viele kleine Siege zermürben auch die möglichen nächsten Opfer.

Ist das wirklich nur ein Rückfall, dem wir da zusehen? Auch in Europa entsteht ein machtpolitisches Zentrum mit autokratischen Zügen. Auch dort summieren sich viele kleine Siege der Staatswirtschaft; auch dort werden Markenkerne der Schwachen Europas gesammelt, um die Zentralmacht EU zu stärken.

Die Entmündigung der Bürger durch eine allmächtig agierende Sozialpolitik schreitet fort. »Der Mensch im Mittelpunkt« wird zum Lieferanten von Spielräumen für Machtpolitik.

Der russische Präsident, auch so können wir die Ukraine-Krim-Story lesen, hat Westeuropa den Puls gefühlt. Ein Sieger, den Europa sich kleinredet, um die eigene Niederlage zu verdecken.

Wer Putin einen Bewohner der Alten Welt nennt, muss zugeben, dass es genügt hat, die Waffen der Alten Welt zu zeigen, um beim Gegner Panik auszulösen. Wer die Fehlerquote senken will, muss den Panikraum verlassen.

Zweipolige Welt mit fliessenden Grenzen: Die Spieler suchen neue Plätze

Die Staatswirtschaft trägt keine Stiefel mehr: Angela Merkel, *hidden champion* unter den Autokraten des neuen Jahrhunderts, vollzieht die leise Revolution.

Startrampe für den radikalen Systemwechsel im Klima von Gehorsam und Verschwiegenheit konnte nur die Christlich Demokratische Union sein.

Die CDU stand für die Spielregeln des Wohlstands: Wettbewerb und Rechtssicherheit. Ein Vertrauensvorschuss, den Merkel brauchen konnte. Sie setzte auf Erfahrungen, die in Westdeutschland verblasst waren. Zum Beispiel diese: dass die Spielregeln der Macht in allen Systemen gleich sind. Angela Merkel wusste das.

Ideologiefrei und undogmatisch betrat sie die Wende-Bühne. Ihre wertbeschwerten Westkollegen hatten plötzlich ein Handicap, das früher eine Stärke gewesen war: ihre Loyalität.

Nichts davon beschwerte die Wende-Kollegin Angela. Kein anderer war mit einem so nackten Machtwillen unterwegs wie sie. Niemand kam mit so kargem Werteproviant aus.

Visionsfrei und illusionslos sichert Merkel ihren Aufstieg: Rivalen müssen entsorgt werden, Träumer erledigen sich selbst. »Modernisierung« nennt die CDU-Chefin ihr Reformziel. Die »Mitte« sei der richtige Platz für die CDU. Wer will schon von gestern sein? Die leise Autokratin Merkel fiel nie durch Reden auf; eher durch Schweigen.

Die wichtigen Schachzüge erledigte die neue Chefin ohne Kommentar: die Wirtschaftskompetenz der CDU wurde abgebaut.

Nur so war der bislang radikalste Durchgriff des Staates ins Zentrum der Marktwirtschaft möglich: Das Logo »Fukushima« reichte, um den Ideologieentzug der verträumten Bürger auszugleichen: Endlich ein ›Made in Germany‹ von globaler Strahlkraft. Wie ein Tarnkappenbomber schlug Merkels Abschaltungskommando in der Energieindustrie ein.

Der Atomstopp war ein multifunktionales Machtmittel: Die Grünen befriedet, »German Angst« eingeschläfert, die mitlaufenden Rechtsbrüche im Streberfeuerwerk abgefackelt.

Die sogenannte Energiewende macht deutlich, dass Autokraten sich auf die Gedächtnislosigkeit ihrer Bürger verlassen können: Beim Parteitag der CDU am 2. und 3. Dezember 2014 konnte die Kanzlerin bereits den Satz riskieren, die Energiewende gefährde den Standort Deutschland. Kein Zwischenruf, kein Protest. Die Machtergreifung des Staates am pochenden Herzen der Industriekultur war nicht mehr »ihr« Projekt.

Die Kanzlerin hatte es rechtzeitig zu »seinem« Projekt gemacht: Vizekanzler Gabriel kämpfte danach mit und gegen Windmühlen.

Die Modernisierung der CDU führte tief in sozialdemokratisches Hoheitsgebiet: Zwischen 2002 und 2005 wurde die flächendeckende Kinderverwahrung für 2013 entworfen. Mütter- und Väterrollen wurden parallel berufsfit umgeschrieben. Kinder konnten und können für ihr Wohl nicht kämpfen – ein günstiger Umstand für coole Familienpolitik.

Der Staat verabschiedete sich von seinem traditionellen Versprechen, die Bürger auch im Verteidigungsfall zu schützen: Die Wehrpflicht wurde ausgesetzt.

Das war gestern; und schon heute kämpfen wieder Soldaten in Europa.

Die Welt erscheint zurückgeworfen auf überwunden geglaubte Freund-Feind-Muster.

Die Große Koalition, die seit 2013 regiert, flutet die verwöhnten Bürger mit einer Luxusausgabe sozialdemokratischer

Traumgeschenke: Renten neuen Zuschnitts, Mindestlöhne, so als gäbe es keine CDU in der Führung. Und kein Morgen.

Und die Vasallen halten sich nahe an Merkel, weil ein Machtsplit entstanden ist: Die Macht entgleitet in den Ländern, aber Merkels Beliebtheitsfaktor im Bund steht. Schon deshalb bleiben alle Fäuste in den Taschen. Sogar die »Vierte Gewalt«, der Journalismus, wird immer kanzlertreuer.

Die Gesetze der Macht sind in allen Systemen gleich. Wer Erfolg will, hält sich in der Nähe der Mächtigen auf.

Haben die Mächtigen kein Korrektiv aus Werten, dann läuft es schlecht für alle: Die Schmeichler werden gleichgeschaltet, die Warner abgeschaltet.

Warum erreicht die leise Autokratin Merkel einen globalen Megabonus, der alle Kritik in ihrer Partei zum Schweigen bringt?

Die Erklärung ist leichter als die meisten meinen. Sie hat eine *Homestory* und eine *Global Story*.

Die *Homestory*: Merkels Nickname »Mutti« ist die Dankadresse der ›Kinder‹ für Merkels Schweigespirale, die alle sorglos macht: Die Kinder müssen nicht alles wissen. Und sie danken es ihr.

Merkels Machterhalt zehrt von einer Politik, die nicht Stärken, sondern Schwächen belohnt.

In diesem Klima versagt die Gefahrenwitterung der Bürger. Es fehlt der Stoff.

Klartext von Merkel gibt es immer erst, wenn die Würfel gefallen sind. Das ist der Stil, den sie »alternativlos« nennt.

So lief die Krim, so wird die Ostukraine Putins Reich arrondieren.

Die *Global Story* ist vergleichsweise schlicht: Angela Merkel war und ist vom Glück begünstigt. Ihre Regierungszeit steht für Deutschland unter einer Konfiguration am Sternenhimmel der Mächtigen, die nicht ihr Werk ist, aber ihr zugerechnet wird.

Deutschland erstarkt im Kampf um den Euro, weil die Zinsen auf ein nie gekanntes Niveau nahe null fallen. Deutschland

profitiert von der Sponsorenrolle im nie erklärten Wirtschaftskrieg mit den Schuldenländern Europas, Deutschland trium-
phiert mit einem kulturvernichtenden Sparkonzept, das nur
die Machtlosen gegen die Kanzlerin aufbringt.

Die Königin von Europa regiert ein starkes Land, ohne dessen Stärke als ihr eigenes Verdienst anmelden zu können: Die
Kanzlerin genießt und schweigt.

Ihre Höflinge erkennen: Es gibt auch für sie selbst keinen
besseren Platz in Europa, Die leise Autokratin hat sich obendrein neu abgesichert: In ihrer Rede im australischen Brisbane
im November 2014, wo sie mit ihrer Putin-Attacke einen Kurs-
wechsel vorlegte, der ihre *home base* sicherer machte: »Welcome
home« war der Effekt. Willkommen daheim in den Deutungs-
mustern des Kalten Kriegs. Endlich ist die Kanzlerin ganz im
Westen angekommen. Die zweipolige Welt, schwarz-weiß, hat
sie heimgeholt.

Damit nicht genug: Auch zu Hause soll es ein Revival der
zweipoligen Welt geben. Die Juniorpartnerschaft der SPD unter einem linken Ministerpräsidenten in Thüringen, so Merkel,
sei eine »Bankrotterklärung der SPD«.

Ein weiterer Schachzug wurde beim Parteitag geliefert:
Jetzt wollen wir wieder wirtschaftskompetent regieren, ließ die
Kanzlerin wissen. Damit war klar: Das Projekt ihres Vizekanzlers Gabriel, mit Wirtschaftsnähe Wähler zu gewinnen, wurde
aussichtslos.

Und ein dritter Coup komplettiert das neue Machtdesign:
Die Liberalen, so Merkel, seien doch eigentlich der »natürliche
Partner« der CDU.

Auch diese einst entsorgten Partner werden für diesen Impuls zur Wiederbelebung dankbar sein.

Die Gesetze der Macht sind in allen Systemen gleich.

Die EU erzieht gelenkte Demokraten

Europa hat Sehnsucht nach der »harten Hand«.

In der schwächelnden EU gewinnt der Imperator Putin Bewunderer.

Die EU-Führung träumt von autokratischer Machtfülle.

Europa hat Sehnsucht nach der »harten Hand«

Entsteht jetzt das Deutschland, das die Deutschen wollen? Endlich macht die Marktwirtschaft einmal Pause. Der Sturm auf die Denkmäler des »Kapitalismus« hat begonnen. Wer jetzt den Teufel an die Wand malt, wird verlieren. Denn der Teufel versteckt sich im Detail.

»Teure Sozialreformen steigern die Beliebtheit der Regierung«, schreibt die Presse. In Europa, so die Analytiker, gibt es »eine Sehnsucht nach der harten Hand«. Die Wahlergebnisse des Autokraten Erdoğan in der Türkei, des Freiheitsverächters Viktor Orban in Ungarn und des Imperialisten Putin bescheinigen autoritären Regimes überraschende Lenkungserfolge. Auch in Deutschland feiert ein Regierungsstil Wahlsiege, der mit Rechts- und Regelbrüchen arbeitet. Im Achtzig-Prozent-Klub, der als Regierung amtiert, werden *Loser*-Themen in Siegerhände verschoben, bis sich niemand mehr an deren illegalen Start erinnert. Auch so geht Verstaatlichung: Der Crashkurs der »Energiewende« wird zum Hoffnungslauf des Vizekanzlers Gabriel. Einsam wirbt die Kanzlerin »gemeinsam« für Europa.

Auch das ist autokratischer Stil: Die Marke Merkel wird zur Ikone.

»Sehnsucht nach der harten Hand«? Deutschland liefert die ausgereifte Variante von gelenkter Demokratie. Wer wird denn Schlafwandler mit harter Hand einfangen?

Autoritätsfans mögen das: wenn sie ihren Chef nicht ausrechnen können. Dankbar erleben sie: Die Chefin teilt nicht mit ihnen die Verantwortung. »Ein gutes Leben«, das die Kanzlerin ihnen versprach, sieht wahrscheinlich so aus. Da wir ohnehin auf der Seite des Guten stehen, darf ein bisschen Sehnsucht nach der starken Hand schon sein. Putin, der Regelbrecher, imponiert vielen Deutschen nicht obwohl, sondern weil er Regeln niederwalzt. Die deutsche Kanzlerin schickt Großkonzerne in die roten Zahlen, weil sie Recht und Gesetz bricht. So mächtig ist die Kanzlerin, sagen sich die Fans der getarnten starken Hand.

Wer solche Vergleiche nicht mag, wird noch ein paar Jahre zuschauen müssen. Die Lehre aus der Story von der »Sehnsucht nach der harten Hand« steht riesengroß auf unserer Agenda. Sie lautet: Wer die Regeln bricht, setzt sich durch.

Nicht nur Putin liefert den Beweis. Der russische Eroberer befriedigt die »Sehnsucht nach der harten Hand« bei den Kolonien des untergegangenen Reichs. Die EU-Fürsten, erfahrene Praktiker der »harten Hand« in Südeuropa, wo gelenkte Demokratien für Europas Zukunft trainiert werden, haben für das Scheinduell mit dem Imperialisten Putin die weißen Samthandschuhe der Schuldlosen übergestreift. Der Regelbrecher wird belohnt, nicht nur von den Seinen, sondern auch von jenen, die selbst Gesetzesbrecher sind.

Nun wird deutlich, dass die westeuropäische Beißhemmung im virtuellen Kriegsspiel handfeste Gründe hat: Auch die EU ist Kolonialherrin, und die rauen Fanfaren der Eroberer Südeuropas tragen die deutsche Handschrift.

Im Ukraine-Krim-Drama sind beide Lager Akteure einer interkontinentalen Story. Das Thema dieser Epochenstory ist plötzlich handlungsreif, aber niemand wagt, es auf die kontroverse Agenda zu schreiben: Europas Führungsmächte streben die gelenkte Demokratie an. Die Arrondierung von Imperien ist das gemeinsame Ziel der streitenden Spieler. Nur der Grad ihrer Offenheit unterscheidet sie.

Wer starke und schwache Volkswirtschaften unter ein Währungsdiktat zwingt, setzt die Demokratie aufs Spiel. Die Euro-Währungsunion war ein Programm für Demokratieverluste. Wer Währungsräume schafft, die einige zu Siegern und viele zu Verlierern machen, der sagt Ja zu autokratischen Modellen des Wirtschaftens. Der Machtverlust der Parlamente wird zum

Kollateralschaden, den wir mit dem »langen Atem« der Kanzlerin tolerieren sollen.

Wer diese Story politisch mitgestaltet, kann keinen dramatischen Unterschied mehr erkennen zwischen Putins Beuteschema in vertrautem Großmacht-Territorium und der Beutelust der EU-Chefs, die durch EU-Sanktionen geschwächte Zonen der Währungsunion kassieren.

Das Epochendrama der wankenden Demokratiekonzepte eint die Topplayers in einem Großtrend, dessen Machtmelodie alle anderen Motive überlagert. Nicht nur Erdoğan und Putin kaufen Völkern ihre Souveränitätsrechte ab; auch die EU bietet Geld für Freiheitsrechte und kassiert die Würde der Pleitiers im Euroghetto – im Namen eines großen Reiches, das nicht einmal demokratisch legitimiert ist: der Europäischen Union.

Die EU erweist sich in ihrem ersten todernsten »Außenkontakt« als handlungsschwacher Held. Das Merkel'sche Handicap der Problemverschleppung ist mit dem handlungsstarken Gegner Putin zur offenen Flanke geworden.

Ist das wirklich nur ein Rückfall des Imperators, der aus der Kälte kam? Auch die EU entwickelt sich zum machtpolitischen Zentrum mit autokratischen Zügen. Auch dort summieren sich viele kleine Siege der Staatswirtschaft; auch dort werden die Markenkerne der Euro-*Loser* gesammelt, um die Zentralmacht EU zu stärken.

Die Entmündigung der Bürger im Namen staatlicher Betreuungskonzepte schreitet fort. Die Regelwerke werden dichter; im Namen der Geheimdienstkritik wächst die Kontrollmacht der Geheimdienste. Die gelenkte Demokratie gewinnt in Europa ein internationales Profil. Rechtsunsicherheit wird zur innovativen Energie erklärt. Und das neue deutsche Regierungsziel, »ein gutes Leben«, kann man sich durchaus als ein Produkt der »harten Hand« vorstellen, die *undercover* arbeitet: mit Samthandschuhen.

Putins Kairos:
Im schwächelnden
Europa gewinnt der
Imperator Bewunderer

Selbst Wladimir Putin dürfte überrascht gewesen sein, dass es plötzlich so leicht ging, Katharinas der Großen strategischen Traum vom »Neuen Russland« zu verwirklichen.

Das »Recht des Stärkeren« war durchsetzbar, weil Europas Premiumprodukt, die Demokratie, Ermüdungsbrüche zeigte. Putins Griff nach der Halbinsel Krim, sein Destabilisierungskonzept für die Ostukraine als exzentrisches Rückwärtsblättern im Geschichtsbuch zu betrachten, wie es viele kalt erwischte Europäer taten, war mindestens so überraschend wie Putins Rückkehr zum traditionellen Imperialismus mitten im friedensverliebten Europa. Europa schwächelte bereits, als Putin seine Invasionspläne zu realisieren begann.

Inzwischen sind nur wenige, aber sehr ereignisreiche Jahre vergangen. Die Krim ist kein Thema mehr, die Ostukraine taucht ab und zu im globalisierten Szenario entgleitender Balancen auf, während der russische Präsident die Europäer cool und entschieden auf die Verliererstraße drängt, was die Neuordnung des Schlachtfelds Syrien mit alten und neuen Freunden angeht: Der Kriegsherr Putin sitzt dort bereits wieder mit am Tisch, und kein Europäer wagt die Bemerkung, dass dieser Friedensstifter kürzlich als Rechtsbrecher gegen die europäische Friedensordnung aufgetreten ist.

Im Gegenteil: Die Zahl der Putin-Bewunderer in Westeuropa steigt. Immer mehr enttäuschte Demokraten finden Gefallen an autokratischen Manieren, wie sie auch andere Diktatoren in Europa entwickeln.

Während der Alleinherrscher Erdoğan seine marktwirtschaftliche Phase entschlossen opfert, um das System Demokratie zu überwinden, geistert durch manchen Europäer-Kopf der Gedanke, ob sich die Krise Europas nicht ebenfalls durch autokratische Strukturen im Machtsystem schneller überwinden ließe als mit demokratischen Diskursen.

Putins Witterung für Schwächeanfälle seiner Kritiker ist intakt: Seit das europäische Bündnis EU schwächelt, profitiert der Kriegsherr auch in autoritätsverliebten Köpfen seiner europäischen Nachbarn. Die Krise Europas ist nicht ein Produkt des Putin'schen Imperialismus, sondern sein Kairos, der günstigste Augenblick, um Land- und Machtgewinne zu machen. Während die EU-Mitglieder ihre Differenzen zelebrieren, schafft der Imperator Fakten.

Im europäischen Publikum seiner Alleingänge finden sich mehr und mehr Bewunderer für den Eigensinn des russischen Präsidenten. Das *Peacekeeping* des Westens erscheint in diesem Licht vielen EU-Bürgern als eine gefährliche Schwäche.

Die Sympathisanten des russischen Präsidenten sind es inzwischen, die an einem Geschichtsporträt des ›guten Putin‹ arbeiten. Damit setzen sie den *Peacekeeping*-Prozess fort, der auf dem Grundsatz der Verharmlosung von Systemgegensätzen beruht. Kalter Krieg? Doch nicht mehr heute! Weltbürger rücken mit Weltbürgern anderer ideologischer Herkunft zusammen. Alle Menschen werden Brüder.

So sieht das Virus des Zerfalls von Kulturen aus. Nicht »Viel Feinde, viel Ehr«, sondern Feinde zu Freunden erklären. Die so garantierte Arglosigkeit seiner Nachbarn erleichtert dem russischen Staatschef und seinen Feldherren die Arbeit.

In Deutschland wirkt noch ein Katalysator des westlichen Wohlwollens für das simple Machtmotiv des russischen Präsidenten: Auch die deutsche Staatschefin ist ideologiefrei unterwegs, wenn man beider Machtfixierung nicht als Ideologie bewertet. Merkel hat 35 Jahre im Schatten des »Großen Bruders«

gelebt; sie verbindet vor allem eins mit Putin: keine Worte machen. Handeln.

Dass Merkel sich nebenher als Sanktionstreiberin profiliert, passt in ihr Bestrafungsschema für unkontrollierbare EU-Mitglieder: Abstand halten. Keine Gespräche. Und, noch wichtiger: die Harmlos-Schiene im Spiel halten. Merkel will weiter strafen, lautet die Botschaft.

Verschärfte Einwände gegen die Krim-Annexion und die Destabilisierung der Ukraine waren nicht zu hören. Das heißt aber: Die Durchschlagskraft von Angriff und Eroberung wird nicht angetastet. Ein löchriges Sanktionennetz kann man ohne Schaden für die Landgewinne des Kriegsherrn Putin über Russland legen.

Freilich: Putin vertritt kein Credo. Dass er ein Herzstück der demokratischen Werteordnung kassieren muss, wenn seine Machterweiterung fortschreitet, werden viele betroffene Nachbarnationen erst verspätet begreifen: Es ist die Freiheit, die er allen, die in seinem Reich dauerhaft mitspielen wollen, wegnehmen muss. Warum? Weil er genau diese, die Freiheit, für sich selbst braucht. Mitkassiert wird die freie Wirtschaft, die im Plan erstickt wird, die freie Meinungsäußerung, die von der Planwirtschaft der Gefühle und Gedanken abgelöst wird. Auch daran gewöhnt man sich. Versuchsgelände Europa: In Deutschland ist die Freiheit der Worte und Gedanken längst in einem regierungsamtlichen verriegelten Käfig schadlos gemacht.

Putin arbeitet entschlossen an der Spaltung des Westens mit. Diese Spaltung bietet die nächste machtpolitische Chance für ihn – die sich je nach geografischer Position auch militärisch nutzen lässt –, nachdem Europa sich an diese neuen alten Sitten wieder gewöhnt hat.

UN und NATO schonen den Aggressor alten Stils in der Friedenskulisse, die Europa sein wollte. Dass die sogenannte europäische Idee mit der Vitalität des Eroberers wetteifern könnte, erscheint wenig wahrscheinlich.

Eine Schirmherrin – zwei Systeme: Was Angela Merkel und Wladimir Putin mit Katharina der Grossen verbindet

Die russische Zarin Katharina ist die Gewährsfrau für zwei Politiker geworden, die von der Geschichte an verschiedene Ufer gespült wurden: Der russische Präsident Putin wiederholt als Eroberer Katharinas Expansionspolitik; die deutsche Kanzlerin Angela Merkel übersetzt den Politikstil der Imperialistin Katharina in gut getarnte Eroberungen in demokratischen Tarnkleidern.

Wer war die Frau, die systemübergreifend Machtpolitiker an sich bindet?

Katharina II., geboren 1729 in Stettin, wurde im Alter von sechzehn Jahren mit dem russischen Thronfolger, Großfürst Peter Fjodorowitsch, verheiratet. Nachdem ihr Gatte, Peter III., Zar geworden war, ließ sie ihn durch Gardeoffiziere stürzen und rief sich selbst zur Zarin aus. Es fügte sich, dass der Gestürzte acht Tage später ermordet wurde – was sie »nicht veranlasste, aber billigte«.

Die Putschistin Katharina regte »Modernisierungen« an, ohne Widersprüche zu scheuen: Die leibeigenen Privatbauern wurden dem Adel ausgeliefert. Die Leibeigenschaft galt nun auch für die Ukraine. Um ihr Reich zu vergrößern, siedelte die Kaiserin Kolonisten aus Südost- und Mitteleuropa an; die »Wolgakolonien« entstanden. Ihre Machtpolitik war imperialistische Invasionspolitik: Zwei Türkenkriege brachten den weiträumigen Zugang zum Schwarzen Meer. Wenig später annektierte sie die Krim. Das Motto »Neurussland« beflügelte die Imperatorin. Russland wurde zur Großmacht in Europa. Katharina erhob den Anspruch auf eine schiedsrichterliche Führungsrolle. Als Garantiemacht für deutsche Angelegenheiten trat die Zarin seit 1770 an der Seite Frankreichs auf. Der Petersburger Hof wurde zum kulturellen Mittelpunkt Europas.

Die Schutzherrin der deutschen Kanzlerin, Katharina die Große, hat eine Expansionspolitik betrieben, die denselben Territorien galt wie Putins Invasionspolitik im 21. Jahrhundert: die Halbinsel Krim, die Ukraine, der Zugang zum Schwarzen Meer: Putins Schlachtruf »Neurussland« entstammt Katharinas Machtpolitik.

Die Vollendung ihrer Eroberungen in einer kaiserlichen Schiedsrichterposition erscheint wie ein Vorklang der Nobilitierung Angela Merkels durch die Weltmedien zur »Königin von Europa«.

Wir dürfen annehmen, dass der russische Präsident unserer Tage von der Wahlverwandtschaft der deutschen Kanzlerin mit Katharina der Großen weiß. So einfach die Nachfolge des russischen Präsidenten in der Machtlogik der russischen Kaiserin erscheint, so kompliziert wird es, wenn wir weiterfragen. Da entdeckt Putin sein historisches Vorbild für Invasions- und Annexionspolitik im Geiste »Neurusslands« auf dem Schreibtisch einer Politikerin, die im Ruf steht, das Machtzentrum in Europa zu verkörpern. Wenn diese Chefin von Europa Katharina die Große als ihr Vorbild gewählt hat, denn wäre sie die geborene Putin-Versteherin, könnte Putin folgern. Und weiter: Wenn beide sich auf dasselbe machtpolitische Idealbild beziehen, wo bleibt dann der allseits behauptete Unterschied zwischen ihren Positionen? Und schließlich: Da Putin bisher *step by step* seine Eroberungsziele erreichen konnte, was bleibt dann von der westöffentlichen offiziellen Lesart, Merkel sei die schärfste Putin-Kritikerin? Der blauäugig auftretende Konferenzreport der Verhandlungen – Tenor: »Leider kein Durchbruch« – belegt Putins imperialistische Zielsicherheit auch, was die Zukunft der Ostukraine angeht. Alle westorientierten Politiker spielen als Statisten mit. Die deutsche Kanzlerin, ihre Idealfigur auf dem russischen Thron vor Augen, weiß mehr als sie alle zusammen. Sie spielt ihre »Schiedsrichterrolle«, und niemand fragt nach. Die Kanzlerin sichert damit die Verzögerung der Verhandlungen, die Putin braucht, um demnächst mit Bedauern auf die geschaffenen Fakten in der Ostukraine zu verweisen.

Merkel verstärkt aus politischem Kalkül das Lager der ›Blauäugigen‹ in Europa. Schon die Annexion der Krim vollzog Putin unter völlig surrealem Flankenschutz durch eine von wem auch immer dirigierte Statistenschar des Westens. Warum machte Merkel nicht ihren Kollegen aus der Weltpolitik klar, wie das Ukraine-Abenteuer ausgehen wird? Die Verzögerungstaktik Putins an den Konferenztischen sprach neben den verdeckten Vorkehrungen unter russischer Mitwirkung in der Ostukraine eine überdeutliche Sprache.

Die deutsche Kanzlerin »übersetzt« ihre russische Schirmherrin Katharina ins 21. Jahrhundert, was die Ziele und die Mittel sie zu erreichen angeht: Die Großmacht Europa startet mit der Entmachtung finanzschwacher Länder. Katharinas leibeigene Bauern sind in EU-Europa die im Sparghetto gefangenen Südeuropäer. Katharinas ›Modernisierungspolitik‹ hat ihr aktuelles Pendant im Abbau der Kontrollfunktionen demokratischer Parteien unter der ›Modernisierungsagenda‹ der deutschen Kanzlerin.

Wir wissen nicht, welche Rolle bei den Vier-Augen-Gesprächen zwischen Putin und Merkel die gemeinsame Spur in die europäische Machtpolitik einer russischen Zarin spielt, der sich zwei Toppolitiker verpflichtet fühlen, die nach der geltenden Agenda im 21. Jahrhundert gegnerische Positionen vertreten sollten: der russische Präsident und die deutsche Kanzlerin.

Wie nahe beieinander die beiden Topentscheider Putin und Merkel mit der Wahl ihres expansionsstarken Vorbilds sind, sollten die Mitspieler an den Konferenztischen vielleicht häufiger bedenken. Manchem würden dann die Schuppen von den allzu blauen Augen fallen.

Rechtsbrüche begleiten das »Rettungsgeschäft« in Europa – Die deutsche Kanzlerin räumt Normen ab

Jeder neue Alleingang der Kanzlerin ist größer als alle vorherigen. Und jeder Alleingang ist von Rechtsbrüchen begleitet.

Willkommen in Deutschland! Hier herrscht die Kanzlerin, die über dem Gesetz steht.

2015: DAS JAHR DER ENTSCHEIDUNGEN. DIE KOLONIALMACHT EU DEMÜTIGT DIE GRIECHEN

Es hätte die Sternstunde Europas werden können. Stattdessen das große Fremdeln. Die Masken lenkten ab. Das eigenwillige *Power dressing* der Fremdlinge aus Europas Süden wurde als Provokation verstanden. Nur: Die griechische Regierung kleidet sich auch zu Hause so, also kein Affront. Auch das Motorrad von Varoufakis nicht. Die Krawattenlobby in Brüssel ließ die Vorurteile laufen.

Aber die »Willkommenskultur« wich auch hier, zwischen Europäern, dem Vorurteil. Die Führungsklasse in diesem Spiel zögerte deshalb nicht, die europäische Chance zur Versöhnung unter dem Motto »Gläubiger trifft Schuldner« auszubremsen.

Anflüge des salomonischen Geistes, der die fremdelnden Kulturen Europas hätte befreunden können, muss Jean-Claude Juncker gespürt haben, als er den Griechen Tsipras sozusagen außerhalb der Tagesordnung umarmte. Hier schon spürte Juncker, was seine Tage später gehaltene Rede zu einem schmerzlich-emotionalen Appell werden ließ. Hier schon erfasste ihn die Sehnsucht angesichts der ungeschliffenen Leidenschaft, mit der die Griechen ihre Ziele verteidigten. Einmal im kühlen Nordeuropa mit solcher Leidenschaft unterwegs zu sein, davon könnten er und seine Eurokraten-Kollegen nur träumen.

Juncker weiß, was die meisten Topeuropäer vergessen haben: Wer die bessere Story erzählt, wird alle für sich gewinnen. Wer die bessere Story präsentieren will, muss aber zuerst die Deutungshoheit ablegen, um den vermeintlichen Gegner wirklich zu erkennen.

»Die Masken lenken ab«: Die Europäer vom südlichen Rand des Imperiums waren eingezogen wie die Hofnarren am Königshof von Europa. Die IWF-Chefin Lagarde war es, die eine Gleichung zitierte, die jedem auf die Sprünge geholfen hätte, der gewollt hätte: Sie möchte nicht mit Kindern verhandeln, sagte sie zweimal; Kinder und Narren, so ihr ungewollter Hinweis, sollten das Ohr der Mächtigen haben, ab und zu. Die beste Story kann niemals die Eurokratie allein erzählen.

Die Gläubiger-Schuldner-Formel zerstört die gemeinsame Story der fremdelnden Europäer schon vor dem ersten Satz, weil sie als Lizenz wirkt, den Schuldner als Unterworfenen darzustellen, der ausgelacht werden darf, wenn er von seiner »Würde« spricht. Die »Unerfahrenheit« der griechischen Regierung wird in diesem eurokratischen Arroganzmodell dann auch nicht als Chance begriffen, den eigenen »Erfahrungsvorsprung« einmal mit den Augen der anderen zu sehen. Kein Gipfel-Europäer stoppte die tollkühne Geringschätzung, die zum Talk-Code gegenüber der gewählten griechischen Regierung wurde. Ein »Ökonomierocker« als Finanzminister, ein »krawattenloser Jungsozialist« als Regierungschef: Die aufgeschreckten EU-Olympier taten so, als hätten sie im europäischen Dschungel einen unbekannten Stamm entdeckt.

Die Versuchung zum Seitenwechsel mag manchen Neuling gepackt haben. Fluchtversuche aus den Denkgeboten stoppt der Sprachbaukasten. Einer der meistgenutzten Sätze aus diesem Baukasten lautet: »Die Regeln gelten.« Diesen Satz schleudert das Credo der verschworenen Rettungscrew dem schiffbrüchigen Regelbrecher entgegen. Kein Grieche hat es im Bann dieses Credos gewagt, das Recht des Stärkeren mit der Bemerkung zu bezweifeln, die EU-Geschichte sei doch auf der »Retterseite« eine Kette von Regelbrüchen.

Obwohl doch jeder weiß, dass die deutsche Kanzlerin vom »Recht des Stärkeren« gar nichts hält, wenn es von Wladimir Putin genutzt wird: Als Retterin des Euro hat die Kanzlerin dagegen dieses Recht des Stärkeren genutzt. Natürlich ließ sich die Rettung der Währung nicht mit der Rettung von Menschen gleichschalten. Das ist auch im Jahr 2015 nicht anders geworden.

Um die Entdecker der Rechtsbrüche im EU-Rettungsprogramm stumm zu schalten, flohen die Euro-Retter in die römische Antike: »Pacta sunt servanda«, hielten sie den Griechen entgegen. Zitate aus der Antike schüchtern immer ein.

Aber selbst diese edle Reminiszenz konnte nicht darüber hinwegtäuschen, dass hier vermintes Gelände betreten wird. Auch darauf darf der zum »Schuldner« degradierte Südeuropäer nicht hinweisen: Wenn die Führung der EU trotz dramatischer Fehlentwicklungen entschlossen bleibt, die Ertragskraft der im Euro eingemauerten Volkswirtschaften fiktiv gleichzuschalten, wird das Leistungsgefälle deshalb nicht abgeschaltet, aber als Entgleisung, als Regelverstoß behandelt – und, im Sinne der fehlgeleiteten Rettungsphilosophie, bestraft. Schon 2010 wagte der damals amtierende griechische Staatschef Papandreou keine Antwort auf den Vollstreckungsbefehl der deutschen Kanzlerin: »Es muss wehtun!« Siebentausend Polizisten schützten daraufhin die Herrin der Strafen in Athen.

In den vertagten Verhandlungen mit den unbotmäßigen Euro-Jokern aus Griechenland beklagte die deutsche Kanzlerin mehrfach, die Griechen seien einfach »nicht kompromissfähig«. Niemand notierte den Widerspruch: Ihr eigenes Euro-Gleichschaltungsprogramm hatte die Chefin stets »alternativlos« genannt, um jede Debatte um Kompromisse abzublocken.

Und das Schneeballsystem geht weiter. Europas Geheimfonds mit den Strukturen einer Mafiaverschwörung – der ESM – schickt Geld an die griechische Nationalbank, damit es zurückfließen kann an die Gläubiger im EU-System.

Motto: Die Menschen zuletzt. Zuerst die Systeme. Ganz große Politik. Ein Rudel Feldherren auf dem Brüsseler Hügel.

Die neueste Befriedung Griechenlands hat die Würde der Menschen nicht wiederhergestellt. Das war auch nicht das Ziel.

Vielmehr war die Führungsgruppe der EU-Politiker entschlossen, das Versagen der »Rettungsagenda« um jeden Preis zu verschleiern. Ein sehr hoher Preis für diese *Undercover*-Zielmarke war daher unvermeidlich, und eine ethische Volte bot sich an, um das schlagende Gewissen zu beruhigen.

Der Sprung in ethisches Altland, den die Eurokraten in den wieder einmal »letzten« Tagen der Verhandlungen wagten, sollte wohl der Startversuch in die Siegerstory werden: Das Vertrauen, so der EU-Chor auf der Bühne der erneuten griechischen Niederlage, sei zur Fahndung auszuschreiben. Die Vokabel kam gut an. Alle nahmen sie auf, auch die Journalisten. Aber als Dialogprojekt wurde das verlorene Vertrauen nicht entworfen. Immer noch tabu blieb die Frage: Trauen die Griechen ihren Befehlshabern aus Europa? Sehen sie diese immer noch als Eroberer und Kolonialherren?

Dass Europa ihnen misstraut, wissen die Griechen. Viele aus der politischen Klasse des Landes erinnern sich beim Referendum 2015 an das Wahljahr 2012, als die G8 in Camp David tagten und die deutsche Regierungschefin am 18. Mai den Staatspräsidenten Karolos Papoulias anrief, um ihm vorzuschlagen, er könne doch am 17. Juni, dem Tag der Parlamentswahlen, eine Volksabstimmung veranstalten zu der Frage, ob die Griechen in der Eurozone bleiben wollten. Selbst der konservative Antonis Samaras, Vorsitzender der Partei Nea Dimokratia, wehrte die »Bevormundung« ab. Alexis Tsipras, Chef der radikalen Linken, wurde deutlicher. Die deutsche Kanzlerin, so Tsipras im Mai 2012, betrachte Griechenland »als ihr Protektorat«. Und er fuhr fort: »Merkel gibt uns noch mehr Rückenwind.« Das deutsche Kanzleramt versuchte, dem Staatspräsidenten einen Hörfehler zu unterstellen, allein: Papoulias ist in Deutschland ausgebildet, er spricht fließend Deutsch. »Referenden«, so die offizielle Reaktion aus Athen, würden »grundsätzlich nicht vom Ausland vorgeschlagen«. Die Journalisten mutmaßten: »Ist sie nun die *Kaiserin* von Europa?«

Im Jahre 2015 also schreibt die EU-Führung das Vertrauen zur Fahndung aus. Die Frage »Was können wir tun, damit die Griechen uns vertrauen?« steht nicht auf der Tagesordnung. Um überhaupt eine gute Story erzählen zu können, müssten die Europäer im *driver's seat* die kühne Frage zulassen, wie es um ihr Selbstvertrauen bestellt ist. Wer sich selbst nicht traut, kann andern nicht trauen. Woher aber nehmen wir Selbstvertrauen? Jetzt kommt das Dilemma. Von denen, die uns vertrauen. Und das Dilemma geht weiter: Der Stärkere fängt an. Nur so gelingt Vertrauen. Vertrauen ist Wagniskapital. Die Führungseuropäer wollten nicht aufs Hochseil. Sie fesseln ihre Partner lieber. Verbunden im Misstrauen, müssen wir weiterlernen, bis wir die gute Story gemeinsam erzählen können.[4]

Auch das war 2015: Startsignal für das grösste Projekt der deutschen Kanzlerin. Start des passiven Imperialismus als »Willkommenskultur«

Die Stunde der Wahrheit kam wie ein Dieb in der Nacht. Sie kam *undercover*, wie die meisten geschichtsmächtigen Augenblicke der EU in der Ära der Kaiserin Merkel. »Ein bestimmtes deutsches Gesicht zu zeigen«, so die Kanzlerin, sei ihr Ziel gewesen, als sie die Grenzen nach Deutschland öffnete.

Was sie meinte mit dem »bestimmen deutschen Gesicht«, wurde die Kanzlerin nie gefragt. Ging es ihr um ein ›neues‹ Gesicht Deutschlands oder um ein weniger unbestimmtes? Aber sie hatte bei der Wandlung des politischen Profils der Bundesrepublik bereits bei der ›Eurorettung‹ als Scharfrichterin Südeuropas mit scharfkantigem Profil der Großmacht Germany Flagge gezeigt: EU-*Leadership* made in Germany, das war ein strafendes Regiment für alle, denen der Euro nicht gut bekam, weil er ihre Wirtschaftskraft überforderte. Seit der ›Eurorettung‹ war das »bestimmte deutsche Gesicht« das Porträt der Kolonialherrin, die nach dem Motto »Es muss wehtun« (Merkel 2010 zu Papandreou) Millionen europäischer Jugendlicher in ein chancenloses Leben schickte.

Ging es der Kanzlerin darum, jenes sehr klar »bestimmte deutsche Gesicht« durch ein anderes zu ersetzen? War es das, was sie zum Gegenschlag ausholen ließ: Millionen Menschen aus anderen Kulturen mit Chancen in Europas Team-Leaderland zu beschenken? Das wäre die naive Variante.

Auch diese Lesart hätte jenen erschreckenden Beigeschmack, dass unabsehbare Verwerfungen für Jahrzehnte angestoßen werden und im Augenblick der Tat tragende Säulen des europäischen Rechtssystems geschreddert werden. Solche epochemachenden Alleingänge sind in demokratischen Gesellschaften nur möglich, wenn ein übergesetzlicher Notstand deklariert wird. Liegt dafür kein Argument vor, müsste die Kanzlerin sich selbst über das Gesetz stellen. Diese Entscheidung hat Angela Merkel in ihrer Regierungszeit mehrfach getroffen. So auch im September 2015.

Das geltende Regelwerk für den Grenzübertritt wurde außer Kraft gesetzt. Das weltweite Echo auf die Freigabe der Einreise ins Gelobte Land schwoll international zu einem Donnerhall. Die coole Chefin des schwankenden Europäischen Hauses legte nach, als die europäischen Kollegen den Befreiungsschlag als unerwünschte Stunde europäischer Wahrheit erkannten: »Wenn wir jetzt anfangen müssen, uns zu entschuldigen, dafür, dass wir in Notsituationen ein freundliches Gesicht zeigen«, so die deutsche Kanzlerin, »dann ist das nicht mein Land.« Ein Machtwort von der Königin Europas, das die bisher wortkarge Pragmatikerin mit einem Schlag zum Global Player im Emotionsmanagement der Völker befördern würde? Der hybride Kern des übermütigen Statements spricht eine deutliche Sprache: So reden Alleinherrscher. »L'état c'est moi«, Ludwig XIV. klingt auf. Und niemand aus der Bürgergesellschaft führt die Gegenrede: »Frage nicht, was dein Land für dich tun kann, sondern frage, was du für Dein Land tun kannst!« Die Verharmlosung der Tat überrascht freilich am meisten.

Seit das Eis dünner wurde unter den Füßen der Gipfel-Europäer – zur gleichen Zeit, als der Boden heißer wurde unter den Füßen all jener, die sich auf den Weg machten, um die Stunde der Wahrheit für die »Wertegemeinschaft« Europa einzuläuten –, hatte die Presse schon häufiger einen strategischen Wandel bei der deutschen Kanzlerin verbucht: Je härter die Fakten, desto weicher ihre Rhetorik. Das Motiv vom »Herzen« brachte die Steppe der Merkel'schen Sprachaskese fast zum Blühen. Das »Herz« hat – neu – einen festen Platz im Sprachbaukasten der Chefetage, weil es beides leistet: den »Hass in den Herzen« der Störenfriede abzuurteilen und die Festival-Kultur an den Bahnhöfen und Ankunftsorten aller Art in Deutschland mit dem Kanzlersiegel gegen Zweifler zu immunisieren.

Die Kanzlerin als globale Eventmanagerin hat in ihrem Machtpotenzial auf Reserve geschaltet. Jetzt, so spürt sie, könnte Europas unwillkommene Stunde der Wahrheit zur ernsten Feindin ihrer Unverwundbarkeit werden. Die erneute Selbstermächtigung der Kanzlerin zur Zuchtmeisterin Europas hat diese Stunde der Wahrheit unaufschiebbar gemacht: EU heißt nun nicht mehr Europäische Union, sondern Europäische Unordnung. Hat Merkel die Sprengkraft ihrer Einladung an alle Entrechteten dieser Erde unterschätzt? Hat sie, die Pfarrerstochter, im Vorrat ihres angehäuften Ruhms ein Fach zu hoch gegriffen, ohne die Macht jenes Christus der Bergpredigt zur Rettung aller zu besitzen, dessen weltumspannende Einladung in Merkels globaler Offerte an alle anklingt: »Kommet her zu mir alle, die ihr mühselig und beladen seid; ich will euch erquicken« (Matthäus 11,28)?

Wenn es ein quasi messianischer Anspruch ist, den Merkel aufgrund ihrer Machtfülle erhebt, dann erscheint ihr unabgestimmter Rundschlag in der Tragödie der fliehenden Völker nicht als ein Strategiewechsel, sondern als das kühnste Projekt in der Kette der Coups, die ihre Regierungszeit zu einer Story der unbekümmerten Eingriffe in Rechtsgüter und Normen der europäischen Völkergemeinschaft machen.

Europas unerbetene Stunde der Wahrheit bietet auch die neue Chance, von bereitwilligen Täuschungen Abschied zu nehmen, die den Aufstieg der Herrin Europas begleitet haben. Der Griff nach den Sternen schien nie ein Fernziel der Undurchschaubaren zu sein, die auf Bodenhaftung setzte und »auf Sicht« fuhr.

Dass sie alles »vom Ende her denke«, wollte zu dieser Nebelstrategie nicht recht passen. Dennoch darf man vermuten, dass auch der jüngste Griff in den Sternenhimmel der EU als nachhaltiges Wachstumsmanagement dargestellt werden könnte.[5]

STERNSCHNUPPEN STÜRZEN AUS DEM BRÜSSELER STERNENKRANZ – DEUTSCHLAND PROBT PASSIVEN IMPERIALISMUS

Sternschnuppen am Himmel Europas.

Merkel nutzt das Recht des Stärkeren.

Als Imperatorin neuen Stils wird sie Machthaberin der Ohnmächtigen.

Das Weltecho trägt die Kanzlerin.

Der Mythos der humanitären Weltmacht Deutschland entsteht.

Die »Wertegemeinschaft« Europa wird zum Trümmerfeld. Geht so »Autokratie mit menschlichem Antlitz«?

Die Göttinnendämmerung, die Europa und die Welt nun doch erkennen, wenn sie ins Firmament der europäischen Sterne blicken und immer mehr Sternschnuppen fliegen sehen, schärft den Blick für das Jahrzehnt der kühnsten Eingriffe in Deutschlands und Europas schlagendes Herz, das aus dem Takt gerät, wenn Gesetze abgeräumt, Normen mitgerissen werden und die Macht der Werte destabilisiert wird.

Auch im Flüchtlingsszenario knackte die Kanzlerin ein Dilemma, ohne darüber Rechenschaft abzulegen. Sie verließ sich auf ihre Baukastenformel von der »Wertegemeinschaft« und entschied im Handstreich, im Namen der Werte, Rechtsgüter und Normen außer Kraft zu setzen. Wie schon in früheren Fällen nahm sie damit eine Destabilisierung in Kauf: Werte sind der Ankergrund für alle Regelwerke, deren Schutzversprechen wir mit wertbeschwertem Verhalten garantieren. An den großen Schaltstellen in Merkels Regierungszeit, also dort, wo sie Richtlinienkompetenz wahrnahm, um Kritiker schon im Startblock auszubremsen, geschah regelmäßig eine Destabilisierung der Schutzzonen, mit denen der Rechtsstaat seinen Bürgern Zusagen liefert, die das Handeln absichern. Das bisher spektakulärste Räumkommando im Rechtsraum der deutschen Demokratie schickte die Kanzlerin wiederum im Namen des Guten, als eine Herzensangelegenheit also, auf die Strecke: Die Verstaatlichung der Energiewirtschaft kegelte Gesetze und Garantien im Dutzend aus der Wettbewerbsarena der Marktwirtschaft. Aktionärs- und Eigentumsrechte wurden gekippt, geltende Gesetze und Garantien samt Zeitplan für den Abschied von der Atomwirtschaft wurden null und nichtig geschaltet. Im Namen eines simulierten Notstands, drei Monate nach Fukushima wurde Eventpolitik zum Renner, weil sie die Einladung an alle Bürger schickte, im Namen des Öko-Überfliegertraums alle Nachfragen einzustellen. Nach der »Wende« beim Mauerfall gab es nun die erste echte Merkel-Wende – die wegen holpriger Streckenverhältnisse bei der Umsetzung nun längst in andere Hände gewandert ist. Bei Merkels »Energiewende« sammelte der Vizekanzler Minuspunkte, die eigentlich auf ein anderes Konto gehören. Auch die Chefs der programmgemäß kollabierenden Energiekonzerne werden mit Hohn und Spott überzogen, als seien ihre Betreiber und Aktionäre Täter, nicht Opfer.

Vor der Kulisse der sterbenden Kraftwerke entfaltet sich nun der bisher größte Wurf der Europa-Chefin, die Immigration ohne Ausweis. Die Grenzkontrollen auch an deutschen Schlagbäumen – übrigens »nur Stichproben!« – sind Teil des gleichen Konzepts, das von Ad-hoc-Reaktionen geprägt ist. Die Festival-Bilder vom guten Deutschen in Millionenauflage sind ja in den Smartphones der Welt verankert und fluten das Netz. Die Appeasement-Kanzlerin zieht gleich mit den mächtigen Autokraten dieser Erde: Machtgewinn durch Nähe zu den Ohnmächtigen.

Im Aufwachen begriffen, findet sich die Brüsseler Topmannschaft nun in der europäischen Unordnung wieder, die als neue Ordnung auftritt: Die nicht mehr unverwundbare Göttin der europäischen Schlachtfelder ohne konventionelle Waffen hat über das Momentum der Fernstenliebe zugleich eine metaphysische Unantastbarkeit eingefahren, die stabilisierend auf die irdische Karriere der so Geadelten wirken könnte.

Die Karriere der Parteichefin aus dem totalitären Massenknast mit menschlichem Antlitz, genannt DDR, startete mit Merkels weltoffenem Motto der »Modernisierung«. Bald wird klar: Wo Merkel auftritt, rollen nicht nur Köpfe. Wo sie aufräumt, da fallen auch Gesetze. Als Zuchtmeisterin der südeuropäischen Kulturen in der EU griff sie ohne Zögern in die Wirtschafts- und Finanzpolitik der vom starken Euro entmachteten Südstaaten Europas ein. Das Spardiktat im Kolonialstil hatte viele Mitspieler in den Bürokratien der Länder und der Brüsseler Machtzentrale. Aber Merkel wurde zur Königin ausgerufen. Alles, was zu gelingen schien, wurde ihr gutgeschrieben. Bei Widersprüchen entdeckte sie niemand, weil sie nur sehr allgemeine Versprechungen ablieferte – und das nur im Notfall. Von dieser Werkbank stammt der Slogan »Wir schaffen das«. Keiner fragt: Was denn genau wollen wir schaffen? Merkels Chef-Kürzel entziehen sich der Nachfrage. Den Slogan »Wir schaffen das« härtet die Kanzlerin gern mit dem Satz »Wir haben schon so viel geschafft«: Die Destabilisierung Europas zum Beispiel? Nein, natürlich die nicht, die verhindern wir ja gerade. Oder?

Aber ist »uns«, wenn wir das Merkel-Jahrzehnt zurückblättern, wirklich so viel gelungen? Ist uns nicht in Wahrheit mehr entglitten und verloren gegangen?

War es wirklich nicht zu verhindern, dass Putin plötzlich im Geschichtsbuch rückwärts blätterte und die Krim eroberte? Ganz altmodisch, mit Soldaten. Die Kanzlerin hat die überlegene Putin-Expertise, so hieß das Sedativum fürs Volk. »Mehr als vierzig Telefonate.«

Putin kündigte derweil seine Arrondierungspläne für das geschundene russische Imperium an. Er verwies auf die Zarin Katharina, deren Projekt »Neues Russland« er nun zu Ende führen werde. Dazu bedarf es einer Landbrücke zum Meer, also muss ukrainisches Territorium zurückgewonnen werden. Daran arbeiten Putins Getreue. Und der Westen schaut zu.

Katharina die Große ist nicht nur Putins Gewährsherrin für seine Expansionspläne. Sie ist auch selbst gewählte Schirmherrin der deutschen Kanzlerin. Katharina die Große bekam den Ehrenplatz auf Merkels Schreibtisch. Dass Putin »das Recht des Stärkeren« in Anspruch nimmt, ist für Strategen eine Binsenweisheit.

Die deutsche Kanzlerin hat das Recht des Stärkeren bei der europäischen Unterwerfung der eurogeschädigten Südstaaten ebenfalls genutzt, ohne aber Putins Machtvollkommenheit zu haben. Sie handelt daher machtpolitisch eher *undercover* – wobei die Entdeckungsgefahr durch die mitbetroffenen Europäer im gleichen Maße wächst wie deren Verletzlichkeit durch Merkels Alleingänge. Im Reich der Zäune hat auch die Göttin der Mühseligen und Beladenen weniger Spielraum.

Man kann Merkels respektlosen Umgang mit Gesetzen, Übereinkünften und Verträgen, der gern verniedlichend als eine Kette von Volten beschrieben wird, versuchsweise als eine Art »Metapolitik« definieren. Die jüngste Eurokrise, das Griechenland-Debakel, zeigte die Kanzlerin wie schon häufig als Ad-hoc-Politikerin, die von der strafenden Lehrerin zur umarmenden Mentorin mutiert. »Mag sie Tsipras?«, fragte die Presse. Was sie gar nicht mag, ist das Vakuum nach einem Exit Griechenlands. Griechenland halten hieß, den Scheinerfolg der EU wahren. Der Preis? Griechenlands Niedergang nicht aufhalten. Auch hier lächelte das »freundliche Gesicht« der EU die Betroffenen an. Ein Lächeln für Tage, nicht für Jahre.

Kontrollverlust als Programm – Angela Merkel macht das grenzenlose Europa konkret

Kontrollverlust – inszeniert als »schöpferische Zerstörung«

*Die offene Gesellschaft« definiert sich neu: Sie lebt gefährlich.
Sie ist erpressbar. Sie wird so unberechenbar wie ihre Führung.*

DIE ENTGRENZUNG
EUROPAS IST VOLLZOGEN

Das Selfie mit dem jungen Flüchtling: Schnee von gestern. Das »freundliche Gesicht« kühlt ab. Was wir schaffen, sagt die Chefin im »starken Land« jetzt genauer.

Sie ist per Du mit ihren Flüchtlingen, da wird es Zeit für Klartext. Sie sagt nicht »Sie«, sondern »Ihr«, wie eine Lehrerin vor ihren Schülern. »Mit dem Wissen, was ihr bei uns bekommen habt«, geht ihr zurück »in eure Heimat« – Sieg und Frieden vorausgesetzt. Wie weit sie damit in die Zukunft greift, lässt sie offen.

Das spielt auch keine Rolle, denn der Satz der Kanzlerin ist eine Fensterrede an ihr eigenes Volk. So stark ist Deutschland, wir schaffen auch das, stark im Umarmen und obercool im Abschied. Die Meisterin der kühnen Volten besetzt einen neuen Spitzenplatz: Sie gibt die Antiheldin. Ob sie es ist, werden wir erst am Ende wissen.

Jedenfalls wird es Zeit, die Welcome-Story der freundlichen Weltmacht Germany auf die Höhe der Ereignisse zu bringen. »Sehnsucht nach Vielfalt« traute die Kanzlerin ihren Bürgern zu, als sie das Heldenepos vom »freundlichen Gesicht« auf die politische Bühne brachte.

Der akustische Hotspot vom »freundlichen Gesicht« flatterte in die Sprachbaukästen der internationalen Medien. Ratlos blickten die professionellen Deuter auf das Missverhältnis zwischen dem geschichtsmächtigen Akt einer einzelnen Regierungschefin und dem Yellow-Press-Touch der Metapher. Selbst die kühne Drohung »Dann ist das nicht mehr mein Land« erschien als das Bekenntnis eines heißen Herzens.

Endlich glaubt man den Herzschlag der Unrührbaren zu spüren: Die Sparkommissarin entfloh der Euro-Steppe der Rettungsschirme und überraschte mit einem emotionalen Höhenflug ins internationale Gelände. Für Verblüffung über diesen virtuosen Rollenwechsel blieb kaum Zeit: Wange an Wange mit dem jugendlichen Fremden aus Irgendwo flog die Antiheldin Merkel per Smartphone um die Welt.

Und immer wieder sind es die eher ungelenken Sätze, die das Zutrauen in Merkels Staatskunst stärken: »Jeder Mensch, der zu uns kommt, ist ein Mensch.« So schmucklos mögen es die Deutschen.

Nur einer aus dem Kreis der Länderchefs meinte, offene Grenzen seien gefährlich. Im Willkommensrausch der Gutbürger lieferte Seehofer damit nur Nebengeräusche. Erlöst vom EU-Nahkampf um schnöden Mammon, feierte Deutschland lang entbehrte Triumphe der Fernstenliebe. Die Randbemerkung der Chefgastgeberin, sie habe »einen Plan«, ging im Festtrubel unter. Wer fragt nach Plänen, wenn die Party läuft?

Die Medien feierten die Wandlung der Zuchtmeisterin der verschuldeten Südeuropäer zur warmherzigen Welcome-Managerin eines nie gesehenen Zustroms von Menschen aus fernen Kulturen. Das Schicksalhafte dieser Machtergreifung der Machtlosen betonte die Kanzlerin: Gott hat uns diese Tagesordnung auf den Tisch geschoben, lässt sie verlauten. Also Gottes Plan, nicht Merkels Projekt auf dem Weg nur Weltmacht? Gott strategisch ins Spiel zu bringen, dieser Schachzug erinnert an den Chef der mächtigen Großbank Goldman Sachs, Lloyd Blankfein, der im Orkan vernichtender Kritik in der Finanzkrise den metaphysischen Auftrag der Weltmacht Goldman Sachs so erläuterte: »Wir tun Gottes Werk.« Blankfein ist heute noch auf seinem Posten.

Also geht es nicht um »Kontrollverlust«, sondern um schöpferische Zerstörung? Offene Grenzen als Ventile für globale Zugluft? Radikalpolitik walzt alte Regelwerke nieder, um Raum zu schaffen für Innovation? Schon zur Jahrhundertwende hatte Angela Merkel die »Modernisierung« der Partei angekündigt, in die sie *nolens volens* geraten war.

Als Antiheldin holt sie sich den Lorbeer der Queen of Refugees, der Königin der Heimatlosen, um den deutschen Bürgern zu zeigen: Eure Heimat ist nun multinationaler Boden. Und Deutschland feiert sich selbst.

»Sie kennen mich«, war der Wahlkampfrefrain der Kanzlerin vor der Wahl 2013. Kein Zwischenrufer warf ein »Nein!« dazwischen. So funktioniert das Inkognito der Kanzlerin. Aber wer kennt ihre Pläne? Merkel entwaffnet seit der Eurokrise ihr Publikum mit fünf Silben: »al-ter-na-tiv-los«. Ihr Erfolgsrezept ist autoritär und wahrheitsfern. Die Deutschen mögen das.

»Alternativlos« ist ein Kommando. Es sagt: Debatten sind nutzlos. Es geschieht, was geschieht. Im Spiel bleiben die Starken. Die Putins, die Erdoğans, die Orbans. Die Assads. Wer im Lager der Friedfertigen lebt, hat nur eine Möglichkeit, sie alle in ungewohnte Partnerschaften zu zwingen: die Radikalisierung der Friedfertigkeit. So hat die deutsche Kanzlerin sich den einzigen leeren Platz im Götterhimmel der Weltmächte gesichert: die Regelwerke Europas geschleift im Namen der Humanitas. Wer das Dilemma fühlte, wurde zur Welcome-Party geladen, um den Zweifel wegzufeiern.

Weil sie hohes Risiko fährt, hat die deutsche Kanzlerin es immer vermieden, ihre Pläne zu erklären, ehe sie ans Werk ging. Immer waren Verwüstungen im Rechts- und Normenwerk der Demokratie die Kollateralschäden, die niemand rechtzeitig wahrnahm. Immer fielen mit den Normen Werte. Am besten lässt sich das verschleiern, wenn der Gegenstand des Handelns mitten im Wertgewissen der Gesellschaft liegt, in der man handelt. Für Deutschland schlägt dieses Wertgewissen bei den Menschenrechten. Die Kanzlerin ergriff ihre Chance.

Was mit der Invasion der Ohnmächtigen läuft, ist *ihr* Spiel – noch. Putin, Erdoğan und Assad dürfen jetzt liefern und werden dafür bezahlt. Sie liefern ins Land des Lächelns und genießen ihre Aufwertung als Mitspieler im Reich der Friedfertigen.

Die Entgrenzung Europas ist vollzogen. Nun werden die neuen Deals verhandelt. Wer Menschen aus unserem Gästefundus zurücknimmt, bekommt einen Bonus obendrauf. Sagt da jemand »Menschenhandel«? Mit Menschenhandel hat das nichts zu tun. Das Projekt »Heimkehr« schließt sich nahtlos an das Projekt »Willkommen« an.

Was Heimwehkranke als »Kontrollverlust« beklagten, war Kapitel eins im Prozess der schöpferischen Zerstörung. Wer Kontrolle im weltpolitischen Maßstab will, muss nationale Grenzen sprengen, so Merkels Plan.

Kapitel zwei war die utopische Story vom europäischen Konsens: *Management by disagreement* als Entschleuniger des Umsturzes im Auge der Betrachter. Der europäische Konsens wurde zerstört in der Euro-Rettungskrise. Wen wundert die Revanche der unterworfenen Südstaaten Europas? Die chancenlose Jugend Griechenlands, Portugals und Spaniens hat das »freundliche Gesicht« der Sparkommissarin Merkel nie gesehen. Ihr Lächeln war reserviert für ferne Kulturen.

Das Territorium, auf dem ganze Völker zum Aufbruch ermuntert wurden, ist nicht mehr national definiert. Die deutsche Kanzlerin vertritt ein neues Geschichtsverständnis. Deutschland verändern, steht auf der Agenda der Kanzlerin, seit sie Deutschland regiert.

Nun setzt sie auf ein Thema, das sie unverwundbar machen soll: Ohne Wettbewerber steht sie für das höchste Gut, die Würde des Menschen. Das Flüchtlingsheer spiegelt ihre Macht. Aber die Logik des Misslingens läuft mit: Auch die höchsten Güter unterliegen dem menschlichen Maß.

Und die Meisterin der Volten reagiert: Sie hat soeben den Kurs gewechselt. Das Wendemanöver läuft. Die Plätze auf dem Sonnendeck werden neu verteilt. Ohnehin fand sich niemand, der die Sonne der deutschen Welcome-Story wirklich gesehen hatte. Die Story wird umgeschrieben. Das Lächeln der Schutzherrin erstarrt. Jetzt geht es nicht mehr um das Schicksal der Gäste, sondern um die Zukunft der Gastgeberin.

Die humanitäre Supermacht Germany stellt alle Schurkenstaaten in den Schatten. Das Recht des Stärkeren hat eine neue

Qualität entwickelt: Deutschland präsentiert sich als die Weltmacht in Menschenrechten.

Nach der Rettung der Menschen geht es nun um die Rettung der Gastgeberin. Die Wende-Story löst die Welcome-Story ab. Das Lächeln der Gastgeberin erlischt. Dass ihre Einladung manchen »Zufluchtsuchenden« den Tod in der Ägäis brachte, ruft der berühmte Migrationsforscher Paul Collier aus Oxford herüber. Kollateralschaden einer Siegergeschichte? »Deutschland gefällt sich offensichtlich in der Retterrolle«, so Collier. Und er fährt fort: »Deutschland hat keinen einzigen Syrer vor dem Tod gerettet. Im Gegenteil: Deutschland hat trotz bester Absichten eher Tote auf dem Gewissen.«

Beste Absichten sollen nun auch in umgekehrter Richtung gelten. Wir Überflieger im Reich der guten Absichten können beides, Willkommen und Abschied. Wir sind Profis in Menschenrechten.

Viele zur Heimführung Ausgewählte werden untertauchen. In Schweden sind es sieben von zehn. Wer untertaucht, verpasst ein Dorado der besten Absichten: die »Integration«. Da schmelzen Jahrzehnte, die eine Menschenseele braucht, um sich in der Fremde einzurichten, zu Kursen und Anweisungen zusammen. »Beste Absichten« können auch für Herz und Seele der Heimatlosen tödlich sein.[6]

»SCHÖPFERISCHE ZERSTÖRUNG« NEU: WIE DEMOKRATEN ZU AUTOKRATEN ERZOGEN WERDEN

Zur Überwindung der Demokratie gehört die Zertrümmerung von Gewissheiten.

Machtmanagement im Systemwechsel folgt einer hidden agenda.

Wie Autokraten Demokraten zu gefügigen Mitspielern machen.

Zur Überwindung der Demokratie gehört die Zertrümmerung von Gewissheiten

Der Quasi-Ausstieg aus der Parteiendemokratie ist ein Nebeneffekt, der anfällt, wenn Parteiprogramme ihren Charakter als Wertbekenntnis verlieren. Wo die Wertewelt im Zuge des Machtkalküls ständig umgeräumt wird, tritt die Wert-Vokabel – wie alles, was zum Abschuss freigegeben ist – umso häufiger auf. Dem gläubigen Volk, das seiner Schirmherrin zusieht, wird nicht klar, dass die jüngste Geschichte, in der es mitspielt, bei allem Zuwachs an materiellem Wohlstand eine Verlustgeschichte ist. Der Verlust an Identität, also an kollektivem Selbstbewusstsein, wiegt schwer.

Merkels Tarnvokabel »Modernisierung« steht für eine Position, die Geschichte als Zertrümmerung von Gewissheiten wahrnimmt. Akutreaktionen erscheinen dann als die einzige Möglichkeit, Spuren in den Treibsand zu zeichnen. Statt »Geschichte zu schreiben«, versuchen Machthaber mit einem solchen Geschichtsverständnis, den Geschichtsaugenblick auszubeuten. Beispiel: Helmut Kohl entmachten. Jetzt, genau jetzt. Während alle zögern, handelt die Fremde, Angela, die mit Kohl keine Geschichte hat – genauer: ihre kurze Geschichte mit ihm in den Sand schreibt, wo sie verweht.

Merkels geringschätziger Umgang mit Gesetz und Recht hängt mit ihrer Erfahrung der Vorläufigkeit aller Systeme zusammen. Darum findet sie es nicht dramatisch, sich über das Gesetz zu stellen – da doch alle Normen, wie sie es sieht, provisorischen Charakter haben.

Darum liegt das Zentrum eigenen Machtkalküls auf der kleinsten Einheit, der persönlichen Karriere. Was ihr dient, muss durchgesetzt werden. Was ihr schadet, wird abgeräumt. Im Amtseid ist die Zielmarke für das Abwenden von Schaden und die Mehrung des Nutzens allerdings anders gepolt: Auf die anderen nämlich, die anvertrauten Bürger und ihre Grundrechte. Auch das Grundgesetz ist nun im Visier der Modernisiererin mit der Tarnkappe. Das Logo der Kanzlerin mit dem Namen »alternativlos« erschließt sich aus diesem verdeckten Tausch der Prioritäten. Die »Alternativlosigkeit« der europäischen Währungspolitik erschien als Machtgarantie für die führenden Eurokraten. »Alternativlosigkeit« erklärt die Planwirtschaft der Gefühle und Gedanken in Europa als unentrinnbar. Nun sind wir ihre Gefangenen.[7]

Die Wirtschaft weiß inzwischen, dass die Rechtsordnung relativ geworden ist. Auf den Staat ist kein Verlass mehr. Wo Merkel Handlungsbedarf sieht, hebt sie den Rechtsstaat aus den Angeln. Immer im Sinne des noch besseren Guten.

Die von der Politik geforderte »Solidarität« steht insoweit auf schwankenden Füßen im Treibsand der Großprojekte. Die Regierungsprojekte mit Merkels Handschrift sind von Mal zu Mal größer geworden. Die Göttinnendämmerung begann mit einem rauschenden Fest in allen Ankunftsorten für die Fliehenden in und um Europa. Besorgte Bürger müssen seither mit dem Minderheitenmalus leben. An Bahnhöfen und Zeltplätzen gilt der Rausch der Augenblicke. Wer Selfies mit der Kanzlerin will, muss Flüchtling sein. Dafür braucht es keine Registrierung: Die dunklen Locken und die leuchtenden dunklen Augen genügen.

Warum sind Hunderttausende Deutsche bereit, die Zukunft auszublenden? Warum trauen sie sich das größte bisher gesehene Kulturvorhaben so einfach zu? Wie schnell verbleicht das Etikett »Wir schaffen das«?

Wo liegt der Schlüssel für die grenzenlosen Lizenzen, die diese Staatschefin von ihren Kollegen und Bürgern erhält? Die erste Antwort: Sie verkauft die europäische Verlustgeschichte als eine Erfolgsstory. Und sie beutet Geschichte aus, die Deutschland mit den ökonomischen Vorteilen versorgt, die den Nachteilen der Nationen Südeuropas entsprechen. Angela Merkels Leitmotiv ist Fatalismus. Es kommt, wie es kommt. Wir können nur ein wenig moderieren. Um unsere Macht zu sichern, braucht es Revolutionen neuen Stils, die den Bürgern als die unwiderstehliche Versuchung zum Guten beschrieben werden. So die »Energiewende«, so die »Rettung« Griechenlands, so das Hybridprojekt Flüchtlingsparadies Deutschland. Der Fatalismus bewirkt Merkels ungerührten Umgang mit den Fehlschlägen der europäischen Politik.

Was früher einmal »Politik« hieß, interessiert sie nicht so sehr. Was sie interessiert, ist Großmachtpolitik, der imperiale Durchgriff. Das verbindet sie mit Putin; und es erklärt ihr *Laisser-faire* gegenüber Putin. Großmachtpolitik vom kleinen starken Deutschland aus: Das geht nur mit einer Megareputation, die alle in Schach hält. Merkels Reputation ist ein direktes Resultat ihres Desinteresses an genau jenem Politikstil, den ihre Kollegen in Deutschland und anderswo praktizieren. Wie weit der Schutz der Reputation reicht, dieses Experiment läuft gerade. Was wir sicher sagen können, ist: Der Gehalt an Willkür und Schaden für alle Beteiligten hat von Projekt zu Projekt zugenommen.

Und die zweite Antwort: Merkel regiert eine traumatisierte Nation. Die extremen Ausschläge der Massenemotion, wenn die Chance der Selbstaufwertung geliefert wird – wie bei den Willkommensfestivals mit Flüchtlingen –, zeigen eine psychisch destabilisierte Nation, die in extremer Zuwendung Halt sucht. Dem Durst nach Selbstaufwertung entspricht die überschießende Bereitschaft zur Selbstkritik. Die Kanzlerin liefert für diese Gefühlswelt der extremen Ausschläge Stressreduktion: Ihre fatalistische Sicht auf Gegenwart und Zukunft wirkt als Sedativum. Und dann, ganz plötzlich, bläst sie zur Rauschattacke, mitten im Schlafsaal der Bürger: »Berge versetzen! Jetzt! Kein Stein darf auf dem anderen bleiben! Wir schaffen das!«

Und das Willkommensfestival beginnt. Bald ist es Zeit für die nächste radikale Volte: Willkommen und Abschied gehören zusammen, so der neue Slogan. Der Überschwang der »guten Deutschen« unter der starken Kanzlerin erlischt. Ein eisiger Wind bringt ihre Kerzen zum Flackern: Wieder einmal wird Deutschland umgeräumt. Das Kommando der Stunde lautet »Abschiebung«. Schneller abschieben! Gar nicht erst reinlassen! Europas Grenzen sichern! Die Willkommensteams reiben sich die Augen. Die Kanzlerin ist mit Karrierekorrektur beschäftigt, daher der eisige Wind im Willkommensmekka Germany.

Monate vergehen, und die Kanzlerin führt, wie sie immer geführt hat: unberechenbar und indifferent. »Mitleid ist nicht mein Motiv«, lässt sie nebenbei verlauten. Nicht? Wie war die hochriskante Einladung an die Wandernden der Welt denn dann zu verstehen? Als Machterweiterung. Als Masterplan.

DEUTSCHLAND SCHREIBT SEINE STORY UM – DIE *HUMANITÄRE SUPERPOWER* BETRITT DIE WELTBÜHNE

Machtpolitik kennt keine spontanen Taten.

Das »freundliche Gesicht« ist kalkulierte Wärme fürs globale Publikum.

Die Spitzenposition als »humanitäre Superpower« ist erreicht.

Die Eiszeit kann beginnen: Die »Schutzsuchenden« sind nur noch Objekte. Schluss mit den Selfies.

Das Abschiebemanagement greift.

Alternative facts werden gestreut.

MERKELS MASTERPLAN

Es geschah an der Jahreswende von 2015/2016, dass die romantische Welcome-Story der freundlichen Weltmacht Deutschland zum Heldenepos geadelt wurde. Achtung: Die Helden sind wir. Unser Motto: »Deutschland ist ein starkes Land.«

Spätestens jetzt sollte die veredelte Story auf die Höhe der Ereignisse gebracht werden. Das politische Headquarter in Berlin sendet täglich radikal verschlüsselten Klartext: »Deutschland verändert sich.« Nicht aber: »Wir verändern Deutschland.«

Der Geleitzug der Deuter wird strategisch überbeschäftigt gehalten. Kleine Scharmützel um die Deutungshoheit der Parteien, ab und zu ein emotional versüßtes Statement der Kanzlerin, die uns »Sehnsucht nach Vielfalt« zutraut, treiben die jüngere Vergangenheit der Welcome-Story schnell ins Vergessen. Das Führungsprinzip im politischen Headquarter lautet: Niemals widerspruchsfrei formulieren, aber immer alternativlos.

So nistete sich der akustische Hotspot vom »freundlichen Gesicht« in den reizüberfluteten Gehirnen der journalistischen Politikbegleiter ein. Ratlos blickten die professionellen Deuter auf das Missverhältnis zwischen dem geschichtsmächtigen Akt einer einzelnen EU-Macht und dem Gartenlaube-Ton der Metapher: Dieses Sprachbild entwaffnete. Selbst der verschärfende Nachsatz »Dann ist das nicht mehr mein Land« entwickelte sich zum taktischen Meisterstück in den Ohren der Berichterstatter. Im Schlagschatten dieses nachgeschobenen Satzes erlangte der volksliedhafte Sound des »freundlichen Gesichts« plötzlich einen Confessio-Oberton. Der Journalismus reagierte blockiert. Und das Bekenntnis vom freundlichen Gesicht eilte um den Erdball, bald flankiert von den Selfies der Völkerwanderer mit der Schutzheiligen der Schutzsuchenden.

Sind wir mit diesem Soap-Touch der Deutungen wirklich auf dem richtigen Weg? Immerhin handelt es sich um eine Kanzlerin von Weltruf. Dass sie angesichts der Megachance zum Machtausbau ausgerechnet in idyllische Metaphern fliehen könnte, liegt nahe, wenn die historische Wucht einer Entscheidung abgefedert werden soll.

Ganz Deutschland war offenbar so ergriffen von diesem emotionalen Manöver, dass man sich beim Aufatmen rasch einigte: Die Kanzlerin war, wieder einmal, gefühlsstark aufgetreten, will sagen: mit einem Handicap an Selbstkontrolle, planlos wie du und ich.

Wenn diese Deutung weiter gelten soll, was machen wir dann mit Merkels Satz, sie habe »einen Plan«? Wollen wir den auch vergessen? Oder wollen wir diesen Satz einmal so ernst nehmen, wie es eine Staatschefin erwarten kann?

Tun wir das, dann stockt der Tsunami der Chaos-Berichterstattung, weil wir die Prämisse korrigieren müssen: Nicht eine defensive Staatsführung navigiert von Klippe zu Klippe, sondern ein Masterplan der Kanzlerin hat längst für die Invasion der Machtlosen aus fernen Kulturen entschieden, weil sie Deutschland ändern will.

Kaum haben wir das verstanden, so wandeln sich die Vorzeichen der neuen Jahrhunderterzählung ins Gegenteil.

Wer bisher nur Chaosmanagement wahrnahm, erblickt nun ein Projekt mit strategischem Kalkül. Was wir noch gestern als »Kontrollverlust« beklagten, ist längst mit hohem Rang im Masterplan verankert. Hier wird Kontrollverzicht zum Programm.

Das Bedürfnis der Bevölkerung nach einem Soft-Porträt der Kanzlerin gehört zu den Kernvermutungen in der deutschen Regierung. Als Alice im Wunderland darf sie Türen ins staatsrechtliche Nirwana aufstoßen, so als sei die Entgrenzung Europas nur eine ermunternde Geste – wie das »freundliche Gesicht«.

Zum »Plan« gehört die Bewirtschaftung von Gefühlen und Gedanken, ein autokratisches Konzept, das die Planwirtschaft in Industrie und Verwaltung auf die *brainware* ausdehnt. Im

Masterplan der Kanzlerin geht es nicht mehr um Europa, sondern um die Welt.

Die neue deutsche Staatsräson »Wir schaffen das« gehört in die Welt des freundlichen Gesichts: Zielfrei verbindet der Anpackerspruch zum Mädchenlächeln Helfer und Helferinnen in einem weltpolitischen Großprojekt, dessen Headline die Sehnsuchtsformel liefert; endlich einmal Helden sein.

Henry Kissinger hat kürzlich im *Handelsblatt* salomonische Positionen zur heuen deutschen Weltpolitik geliefert. »Wir beobachten in Europa ein sehr seltenes historisches Ereignis«, so der Weltpolitiker, »eine Region verteidigt ihre Außengrenzen nicht, sondern öffnet sie stattdessen. Das hat es seit einigen Tausend Jahren nicht gegeben«, fügt er hinzu. Die deutsche Kanzlerin wisse, »dass es einen Punkt gibt, an dem die Transformation der sozialen und politischen Strukturen beginnt«, und er warnt: »Das wird zwangsläufig passieren, vor allem, wenn man es mit Gruppen zu tun hat, die die grundlegenden Werte der westlichen Gesellschaft nicht akzeptieren.«

Der Außenpolitiker Kissinger sieht die deutsche Kanzlerin in einem Dilemma. »Sie muss abwägen zwischen dem Leid der Flüchtlinge und den langfristigen Auswirkungen auf ihr Volk.« So spricht, nach »einigen Tausend Jahren« immer noch ein Weiser unter den Mächtigen zu uns.

Aber der deutsche Masterplan läuft weiter. Wenn Kontrollverlust Programm wird, ändern sich die Vorzeichen: So wird Entgrenzung zu einem Teilziel im Masterplan der Führung. Die Debatte mit den Besorgten lässt sich zunächst als Pro-Europa-Diskurs führen. Alle müssen mitmachen, wenn wir uns eingrenzen wollen, lautet die utopische Formel. So gewinnt die politische Führung Zeit. *Management by disagreement* könnte man diesen Ansatz nennen.

Was wir früher Kontrollverlust nannten, hat im weltpolitischen Konzept der deutschen politischen Führung aber einen ganz hohen Stellenwert: Kontrollverlust zum Programm zu machen, ist der einzige Weg für die Firma Deutschland, ihre

Reputation als Nation der Friedfertigen nicht zu verspielen. Der Einzug der »Schutzbedürftigen« aus allen Ländern dieser Erde ist das unschlagbare Projekt einer weltpolitischen Landnahme. Nur so können die Friedfertigen zu Eroberern werden.

Deutschland wird zum Kolonialherrn neuen Stils, der *undercover* weltweit »Schuldner« neuen Typs sammelt: die künftigen Regierungen der »Geberländer«, heute Vertreiberländer ihrer Menschen.

Die Territorien sind nichts ohne die Menschen, die aufbauen, gestalten und Kultur entwickeln. Der Merksatz für Wirtschaftssysteme gilt für das kulturelle Geschehen im Ganzen: *Business, that's people.* Die deutsche Kanzlerin weiß das. Wer ein kulturelles System umgestalten will, braucht nicht Herolde einer neuen Ballade über Land zu schicken. Er muss nur die Türen öffnen, um andere Kultursysteme in Gestalt von Menschen hereinzulassen.

Dass alle diese Menschen aus fernen Ländern so erlösungsbedürftig seien, wie die deutschen Helden in vorderster Front glauben, wird sich bald als Irrtum erweisen. Integration per Grundgesetz ist nicht nur auf der Zeitachse eine Fehleinschätzung. Das Programm »Kontrollvertust und Entgrenzung« ist eines auf jeden Fäll: ein Beschleuniger für den Geltungsverlust von Europa.

Die deutsche Kanzlerin steht für ein geändertes Geschichtsverständnis: Fatalismus als Staatsräson. Mit offenen Grenzen zu leben, das wird eine Staatsführung nur dann als ungefährlich einschätzen, wenn sie dem Mainstream der Geschichte größere Macht zutraut als den eigenen Strategien zum Schutz des Erreichten.

Management by Fatalismus geht von der Vorläufigkeit aller Ordnungen und Institutionen aus. Deutschland hat in seiner kollektiven Erinnerung zwei zerfallende Diktaturen gespeichert. Angela Merkel hat ihre Karriere auf den fallenden Mauern der jüngsten Diktatur auf deutschem Boden begonnen. Sie hat erlebt, was das schöne alte polnische Weihnachtslied besingt, das in Polen den Rang einer Nationalhymne hat: »Gott ist geboren, die Mächtigen zittern.«

Weltweit zerfallen Reiche, die ihre Bürger in Fesseln gelegt hatten. Diktatoren finden immer Mitspieler, das wissen viele Deutsche aus ihrem eigenen Leben im Sog der Mächtigen. Auch das ist *Management by Fatalismus*: Jetzt ein Mal Helden sein. Die Umerzogenen als Umerzieher. Als Vertreiber von gestern Vertriebene von heute aufnehmen, Ablass erwirken. Die kollektive Psyche der Deutschen bearbeitet im Großprojekt Kontrollverlust auch ihre eigene Zerrissenheit.

»Deutschland verändert sich« heißt das Verkaufsargument. »Deutschland verändern« heißt das Chefkonzept. Fatalismus-Management braucht Dunkelziffern; die nicht registrierten Migranten sind daher erwünscht. Sie beweisen das Schicksalhafte und Unberechenbare der Prozesse, sie liefern die fatalistische Grundmelodie.

Wer Kontrolle verweigert, wer Grenzen ignoriert, der muss Gesetze brechen. Auch Regierungshandeln steht nicht über dem Gesetz. Eine Regierung, die, im Namen welcher höheren Güter auch immer, systematisch Gesetze bricht, trifft eine revolutionäre Entscheidung. Sie wechselt von der Realpolitik zur Radikalpolitik.

Die Radikalisierung der Politik ist nicht offiziell ein revolutionäres Konzept. Sie erscheint als Antwort auf die neue Weltunordnung, die Freund und Feind auf neue Plätze schiebt, Schulter an Schulter. Deutschlands neue Alleinstellung als weltpolitischer Player lässt nun das Ziel erkennen, dem die lächelnde Supermacht unter Angela Merkel zustrebt.

Als *humanitäre Superpower* hat Deutschland in der aktuellen Völkerwanderung ein Profil errungen, mit dem keine andere Supermacht wetteifern kann.

Genau dahin wollte die Kanzlerin Deutschland führen. Nicht Europa, denn die Tausende junger Menschen in Südeuropa, deren Chancen Merkels Strafkonzepte vernichteten, haben das

»freundliche Gesicht« der Kanzlerin nie gesehen. Es war reserviert für andere Kulturen.

Die Vision der radikalen deutschen Spitzenpolitik ist also: Deutschland als Vielvölkerstaat, in dem Religion und Herkunft beschliffen und nivelliert werden. Das Integrationsmarketing simuliert derweil den Marathon der Anpassung als Sprint.

Das Menschenrecht auf schmerzliche Abschiede von Kindheitstraditionen wird plötzlich außer Kraft gesetzt. Das Schwerste soll leicht erscheinen. Das Lächeln der humanitären Großmacht Deutschland erlischt. Die deutsche Kanzlerin hat ein neues Amt kreiert, das die EU nicht vergeben konnte. Mächtiger als ihr Amtseid, regiert sie international ein Riesenreich mit wandernden Grenzen.

Wird sie eines Tages die top ausgebildeten jungen Männer an ihre Heimatländer zurückgeben? Wird sie den leer gelaufenen Elitereservoirs der zerstörten Länder Arabiens und Afrikas die Führungstalente zurückschicken, subventioniert von der *humanitären Superpower* Germany? *Culture, that's people.*[8]

Allahs verlorene Söhne, verstreut in der Welt. »Unsere Art zu leben« wird sie nicht retten

Autoritär erzogen, vom »dekadenten« Westen überfordert: »Unsere Art zu leben« wird sie nicht retten.

Die verlorenen Söhne des Propheten Mohammed

»Der Islam gehört zu Deutschland«: Im Karriereplan der Kanzlerin mag dieser Satz den nächsten Modernisierungsschub beschreiben, den das Land braucht, um auf die Höhe der Zeit zu kommen. Die Gleichung ist einfach. Islam minus islamistischer Terror gleich Frieden und Freiheit unter dem westlichen Wertehimmel.

Die Blitzlektion vieler Terrorwochen ist keine einfache Gleichung, sie lehrt uns Globalisierung noch einmal neu verstehen: als den Zusammenprall der Ungleichzeitigen. Wer sich vorn glaubte in der Zivilisationsgeschichte, wir zum Beispiel, wird mit einem Schlag an jene nicht gelernten Lektionen der Jahre 1979 und 2014 erinnert, als der iranische Ajatollah Khomeini wie heute der türkische Staatschef Erdoğan der Welt vorführten, dass man den Rückwärtsgang einlegen kann, um antimodern weiterzufahren.

»Modernisierung« geht nur in modernen Gesellschaften, die ihr weltliches Profil bereits gefunden haben. Dieser Prozess kann nicht einfach losgetreten oder verordnet werden, wenn ungleichzeitige Kulturen aufeinanderprallen. Er kann auch nicht beliebig beschleunigt werden, wenn die eine Kultur sich der anderen überlegen fühlt.

Erst recht nicht dann, wenn die »verspäteten« Kinder einer streng religiösen Erziehung im Islam den »dekadenten« Westen zu fürchten gelernt haben. So werden aus »verspäteten« verlorene Kinder.

Alle diese Lektionen nachzuholen, dazu bleibt uns plötzlich keine Zeit mehr. Auch die Klärung von Lesarten des Korans wird uns nicht in die Lage versetzen, den kriegerischen Prozess der Verweltlichung des Islamismus zwischen rivalisierenden Lagern weltweit zu beeinflussen. Auch der Appell an muslimische Theologen, die Friedfertigkeit ihrer Schutzbefohlenen zu beweisen, bleibt ein symbolischer Akt. Jeder Theologe, wir wissen es aus der christlichen Religion, wird keines seiner Kinder im Glauben vom Heilsversprechen ausschließen dürfen.

Auch der Islam ist eine Offenbarungsreligion. Der Missionsauftrag, der dazugehört, ist uns aus dem Christentum bekannt: »Gehet hin und lehret alle Völker«, heißt es im Neuen Testament (Matthäus 18, 29). Auch den Bildersturm, der dem Mohammed-Porträt auf dem *Charlie-Hebdo*-Heft nach den Morden galt, kennen Christen aus der Frühen Neuzeit.

Erst die fortgeschrittene Verweltlichung des Christentums in den Wohlstandsgesellschaften hat jene coole Gleichgültigkeit hervorgebracht, mit der wir einen fragwürdigen »Vorsprung« für uns verbuchen: dass uns auch in unserer Herkunftsreligion nichts mehr heilig genug ist, um nicht zur Satire freigegeben zu sein.

Was aber ist mit dem Terror? Ist er einfach im falschen Jahrhundert zwischen lauter Friedfertigen unterwegs? Oder ist er entgleister Fundamentalismus, den die eigenen Leute nicht mehr einzufangen wagen? An den massenhaften Umarmungen der bedrohten Regierungen nach Terroranschlägen nahmen auch die bewährten Schutzherren der Terrorzellen teil.

Der Islam, als stolze Offenbarungsreligion mit einem globalen Missionsauftrag, wird an keine Gastgesellschaft anderer Prägung seine Modernisierung delegieren können. Die friedlichen Muslime in unseren Städten sind zum Teil nur noch locker mit ihren Religionsführern und deren Lehre verbunden. Strenggläubige Muslime leben bei uns in der Auseinandersetzung mit den Botschaften ihrer Erzieher und Vorbilder. Sie erfahren in ihrem interkulturellen Konflikt, der in ihrem Gewissen abläuft, keine Hilfe von der Gastkultur, in der sie leben.

Der archaische Impuls, sich diesem Konflikt durch einen starken Auftrag zu entziehen, ist daher eine große Versuchung.

Wenn die Kanzlerin darauf besteht, dass der Islam pauschal zu Deutschland gehört, dann handelt sie sich gegenüber den

Muslimen, die bei uns leben, auch einen Schutzauftrag ein, über den wir noch nichts von ihr gehört haben. Die Herrschaft des Rechts und der Anspruch der Werte, die bei uns gelten, sind ja zugleich Forderung und Versprechen.

Wenn die muslimischen Frauen zu uns gehören, dann brauchen viele von ihnen Schutz vor ihren Männern und Brüdern. Sie brauchen unseren Schutz vor den barbarischen Beschneidungsritualen, die als heimlicher Import in Deutschland gegen unsere Grundrechte verstoßen. Frauen müssen aus der Kopftuchpflicht entlassen werden, wenn sie bei uns leben. Freigestellt von diesem Zwang können sie es damit dann halten, wie sie wollen. Schuljungen sollten die Welt, in der sie leben, kennenlernen und dann entscheiden dürfen, ob sie eine Koranschule besuchen wollen, die sie von der Kultur, in der sie leben, isoliert.

Die Liste unserer Verpflichtungen gegenüber den Muslimen, die sich in den Schutz unserer Rechts- und Werteordnung begeben, handelt eben nicht nur vom Spracherwerb, Wohnen und Arbeiten, sondern auch von den Errungenschaften jener Jahrhunderte, die wir hinter uns haben – und die jene Menschen, die bei uns leben wollen, nicht mehr vor sich haben sollten. Wir können ihnen eine Wegstrecke in die Moderne schenken.

Dafür sollten wir möglichst schnell die Kränkung überwinden, die der Einbruch des Archaischen in unsere aufgeräumte Wohlstandskultur gebracht hat. Schon als Putin das angerostete Kriegsbeil wieder ausgrub, verweigerten wir uns der Lehre, dass Geschichte auch rückwärts buchstabiert werden kann.

Was tun, wenn die *rule of law*, die wir beschwören. ohne sie genug zu schützen, von der Hand des Stärkeren umgeschrieben wird? Schon zu Putins Rückwärtskurs fiel uns wenig ein.

Mit den verlorenen Söhnen des Islam erreicht uns nun ein Gewaltimport der barbarischen Spielart. In der Schusslinie steht nicht unser Wohlstand, sondern seine hochsensiblen Wächter, die Werte. Verwundbarer sind wir an keiner Stelle, außer bei den Freiheiten, die auch ohne den globalen Terrortransfer täglich bedroht sind, weil wir sie kostenlos wollen – und eher für uns als für die anderen.

Arm in Arm mit den Terrortransferchefs mögen sich einige Europäer unwohl gefühlt haben. Die Waffen der Friedfertigen müssen neu sortiert werden, wenn wir dem fatalen Mix entgegentreten wollen, in dem die Menschenwürde stirbt, weil Mordlust und Märtyrertod zusammenfallen.

DAS DILEMMA
DER FÜHRUNG:
ZU SELBSTGERECHT,
UM ZU TRAUERN

*Eingemauert in Schuld, zu stolz für wahrhaftige Geständnisse,
immun gegen Empathie.*

*So flieht auch die Trauer und macht die Selbstgerechten zu
Komplizen der Täter.*

GRENZEN FALLEN.
DIE ÜBERWINDUNG DER
DEMOKRATIE MACHT
FORTSCHRITTE

Auch die Willkommenskultur war ein Programm zur euphorischen Aufladung von Grenzüberwindung.

Was deutsche Bürger seit einem Merkel-Jahrzehnt als politisches Leitmotiv mit ihrem eigenen Land und mit den EU-Aktionen erlebt hatten, folgte der unausgesprochenen Kernbotschaft: Grenzen fallen. Was gestern galt, gilt morgen nicht mehr, wird heute außer Kraft gesetzt. Die Würde des Rechts, auf die wir uns verlassen, gerät in die Orkantiefs der Politik; die Würde der Menschen auch. Der hohe Rang der Marktwirtschaft gerät in die Sturmböen politischen Machtkalküls. Rechtsstaatlich geschützte Versprechen werden gebrochen, europäische Kernzusagen an die Bürger Europas werden unterlaufen und außer Kraft gesetzt: Die Festung Europa hat trotz moralischer Befreiungsformeln ihre Glaubwürdigkeit verloren. Zu viele Grenzverletzungen haben stattgefunden, und alle Bereiche sind betroffen: Rechtsnormen und Verfassungsgarantien, Werte und Bürgerrechte.

Während Europa wankt, eröffnet Deutschlands Kanzlerin ein einzigartiges Festival mit vielen Unbekannten – im doppelten Sinne: Hunderttausende unbekannte Menschen sollen aufgefangen und erfreut werden, erst einmal. Die großen Unbekannten für das politische Management der Völkerwanderung werden erst nach und nach ins Blickfeld der Gastgebernation Deutschland rücken.

Wer die Erstarrung des politischen Berlin am Tatort Breitscheidplatz verstehen will, die sublime Verweigerung von

131

Hingabe an die Empathie, die aufrichtige Trauer erst möglich macht, der muss zurückschauen zum entfesselten Selbstgenuss der »Willkommenskultur« auf den Bahnhöfen und Plätzen deutscher Städte. Gedankenlos umarmen, hier und jetzt; sich selber fühlen, während sich die Gefühle der Ankömmlinge lösen, das ist zunächst legitime Flucht aus der eigenen und der neu einbrechenden Wirklichkeit. Nicht fragen, was morgen sein wird, nicht verantwortlich sein für das Management einer landesweiten Riesenparty, die unter dem autoritären Logo der Kanzlerin abläuft: »Wir schaffen das.« Ob die anderen es schaffen, jene Fremden mit den gemischten Motiven, die immerhin ihre Heimat hinter sich gelassen haben, um das Wunderland Deutschland zu erreichen, das wurde nie gefragt. Ob wir sie zermürben werden in Wartezeiten, die nicht jeden zu einem besseren Menschen machen, sondern eher die Schwächen stärken, war und ist bis heute kein Thema.

Die unbändige Lust, sich selbst im Ausnahmezustand zu erfahren, der alle inneren Zweifel an Deutschlands Tätergeschichte endlich auslöschte, diese endlich greifbare Selbstlust ohne die Schatten der Vergangenheit wurde überschwänglich genossen. Das größte Geschenk in diesen Wochen des Überschwangs war die Erlösung von Bekenntnissen. Hingerissen von der Erfahrung der eigenen Unersetzlichkeit, jetzt, hier, morgen wieder, jede und jeder ein Gastgeber in einem globalen Fest der Kulturen, dessen Veranstalter irgendwo, nur nicht jetzt und hier, die Verantwortung tragen würden, an die man nicht denken mochte.

Wenn so viel Überschwang in deutschen Köpfen und Herzen an der Kette liegt, um einem Führungskommando begeistert zu folgen, dann erschreckt die Erstarrung der Nation am Tatort Weihnachtsmarkt. Auch die politische Führung legte ihre Gefühle sofort wieder an die Kette. *Welcome home*, das Täter-Selbstporträt meldete sich zurück – zumindest in den Gefühlen und Gedanken derselben Führungscrew, die den Willkommensrausch angeordnet hatte. Für die dunkle Seite der emotionalen Stärke Deutschlands gab es kein Ritual, das die Gefühle von der Kette gelassen hätte. Was war da los? Was ist da aus dem Lot geraten? Alle Energie der politischen Führung und der Medien wurde dem Täter zugewandt. Die Medien haben später ein *mea culpa* formuliert, als sie ihr Versäumnis begriffen. Täterjagd statt Opfertrauer: Beides zusammen schien eine Zumutung an die Führung.

Warum? Die Täterjagd, sozusagen posthum auf den Spuren eines Toten unterwegs, brachte von Anfang an das Täterselbstbild in die erschrockenen Gedanken der politischen Führung zurück, tabugeschützt, natürlich. Wie viel Täteranteil hatte die regierungsamtliche Verharmlosung der Gefahr, die auch in Flüchtlingskleidern ins Land gekommen ist?

Jede große öffentliche Trauerfeier hätte diese Frage bei irgendeinem Passanten wachgeklopft: Wie viel Mittäterschaft steckt in dem Leitmotiv der »Willkommenskultur«, wenn ein ausgewiesener Aggressor unserer Kultur so konsequent und entschlossen unterschätzt wurde wie Anis Amri von den deutschen Behörden in Bund und Ländern? Es sei ihre Absicht gewesen, »ein bestimmtes deutsches Gesicht zu zeigen«, sagte die Kanzlerin beiläufig nach ihrem Alleingang zur Grenzöffnung, die als Einladung um die Welt ging. Vorher hatte Merkel gesagt, ein »freundliches Gesicht« wolle sie global schon zeigen dürfen, »sonst ist das nicht mehr mein Land«.

Das Trauer-Handicap der deutschen Nation wurde zögernd, aber schließlich auch international kommentiert. Die Bewertung war kontrovers.

Die Vermutung, dass die Spitzenpolitik glaubte, mit täglicher Berichterstattung über das Spurenlesen in der tragisch beendeten Laufbahn eines Kriminellen die Gefühle und Gedanken der Menschen für die Anteilnahme am Aufklärungseifer der Dienste und der Polizei festlegen zu können, ist nicht ganz gegenstandslos. Aber auch die Verlegenheit der Führung in allen beteiligten Bereichen ist verständlich. Möglichst wenig einklagbare Verantwortung am kollektiven Versagen der hochdifferenzierten Zuständigkeiten zu behalten, ist das dominante Motiv der eigentlich politisch Verantwortlichen.

Dass man überbeschäftigt war und die Trauer einfach aufschieben musste wegen Arbeitsüberlastung, hat niemand zu behaupten versucht. Dass es in Deutschland kein Protokoll für die Trauer um Terroropfer gebe, wurde allerdings ernsthaft vorgetragen.

Die späte Minutentrauer im Bundestag genügte erneut der wohl verabredeten Askese von starken oder gar ergreifenden Stunden der Mittrauer, die den Hinterbliebenen und den Verletzten als Zeichen der Anteilnahme wohlgetan hätten. Es gibt eine Erklärung für das trauerlose Weitermachen der politischen Führung nach dem Attentat in Berlin. Es ist eine Erklärung, die immer gilt, wenn Menschen sich mitschuldig fühlen, so dass die Toten wie Kläger vor den Angeklagten stehen: Hier versagt die Trauer. Man möchte fliehen. Tatsächlich wagt man nicht zu trauern, wenn man mitschuldig ist. Scham und Reue zerstören die Fähigkeit, aufrichtig zu trauern. Also liefern die Trauerverweigerer von Berlin unter der Hand ein aufrichtiges Bekenntnis.

Die Antiheldin: Deutschlands leise Autokratin setzt auf neue Allianzen

Gegen die Bürger regieren: Das geht auch in der Demokratie, aber der Preis bleibt hoch. Der Alleingang kann die Macht kosten. Autokraten haben es leichter. Sie agieren als Chefingenieure der Machtmaschinerie und schreiben ihre Heldenrolle selbst.

Wer den diskreten Umsturz staatlicher Demokratien in multinationale Großsysteme managen will, hat eine Alternative: die Rolle des Antihelden. Die deutsche Kanzlerin hat sich inkognito schon vor Monaten zu diesem Rollenwechsel entschieden. Nun kam der Tag der Ernte. Die leiseste Autokratin im globalen Wettbewerb der Demokratie-Überwinder will bleiben, was sie ist: europäische Kanzlerin mit globalem Wertemonopol. Donald Trump soll von ihr lernen. Als Antiheldin inszeniert sie nun einen kühnen Salto mortale: Willkommen und Abschied als Kontrastharmonie.

Den Heldenmythos der deutschen Kanzlerin aus der Willkommenskultur umschreiben in einen Kanzlerbonus der coolen Variante, geht das? Die neue Botschaft aus dem Führungsbunker lautet: Die Kanzlerin hat umgesteuert.

Merkel war Idealfigur des Abschieds von der westlichen demokratischen Kultur, Ihre Bindungslosigkeit war der Erfolgsgarant für viele kühne Volten. Sie verstaatlichte im Handstreich die Energiewirtschaft. Sie wirkte mit an der Erosion der Rechtsnormen in Europa.

Was ist heute anders?

»Integration«, sagt die Willkommenskanzlerin immer wieder, »Integration ist das Wichtigste«. Es klingt optimistisch und anspruchsvoll, auch ein wenig illusionär, weil ein Sprung über Jahrhunderte von Kultur- und Zivilisationsgeschichte nicht als Zumutung, sondern als Kernforderung vertreten wird. Diese dramatische Unterschätzung von Prägungen und *brainpower* fremder Kulturen, die für Westeuropäer schwer lesbar sind, passt schlecht zu Deutschlands Anspruch, als *humanitäre Superpower* im neuen multikulturellen Konzert der Gefühle und Gedanken, von Fernweh und Heimweh der Weitgereisten eine Führungsrolle zu spielen.

Die Abkühlung des »freundlichen Gesichts« auf Temperaturen der Abschieberhetorik müsste aber doch ganz im Sinne der aufbegehrenden Bürger sein, die der Antiheldin die Nachfolge weiter verweigern. Warum? Die Illusion von der Integration ist nicht nur Zweckoptimismus; sie verrät auch einen hybriden Anspruch, beim kulturellen *brainwash* mit dem Ziel der Anpassung an die »überlegene« Kultur den Takt der Seelen außer Kraft zu setzen. Nicht nur Indianer wissen, wie lange es dauert, bis unsere Seelen nachkommen, wenn wir um den Erdball reisen.

Der hybride Zug der Integrationsillusion hat eine überraschende Entsprechung im Umgang der Antiheldin mit den deutschen Bürgern. Dumme Frage: Wo bleiben die Selfies mit den Bürgern? Was individuell gilt, das gilt auch kollektiv. Auch die *political heroes* müssen um mehr als nur Einsichten bei ihren Mandatsgebern kämpfen.

Seit »Trump for president« gelang, ist die Diagnose für die *leading nation* der westlichen Welt klar: Ein Tsunami der Emotionen flutet ihre Bastionen.

Das deutsche Führungskonzept der »Offenheit«, Entgrenzung also, könnte selbst die *Peacekeeping*-Länder unregierbar machen.

Wer von der Heldenrolle zum Antiheldenfach wechselt, kann nicht einfach doppelten *brainwash* planen, zu Hause und bei den Weitgereisten, Aber die brauchen besondere Zuwendung, und sie sind der fernen Kanzlerin um den halben Erdball entgegengereist! Ist das nicht ein paar Selfies wert? So gerät die Antiheldin in einen Widerspruch: Flüchtlinge umarmen und anvertraute Bürger gering schätzen.

Der Integrationsillusion im Schicksalsmanagement für Flüchtlinge entspricht die gedankenlose Überforderung der Bürger, die sich beim Versprechen einer neuen »Weltbürgerschaft« eher ängstigen. Mehrheitlich werden auch die deutschen Bürger keine Weltbürger werden – ebenso wenig wie die Bürger unserer europäischen Nachbarn. Das Weltbürgerkonzept ist ein Elitenkonzept – ganz wie die Integrationsillusion.

Was europäische Bürger mit dieser doppelten Überforderung anstellen, erkennen wir nun. Als die Kanzlerin ein *political hero* war, durfte sie alles. Sie räumte geräuschlos ab, Marktwirtschaft und Wettbewerb, Eigentum und Vertragstreue, kapitalistische Relikte, so schien es. In und für Europa schien alles möglich.

Das Ass der Kanzlerin war ihre Bindungslosigkeit. Auch in der Antiheldenphase kommt ihr diese Bindungslosigkeit zugute. Sie rührt im Melting Pot der Völkergeschichte, nicht ganz so zwanglos wie es andere tun, die schon im Autokratenmilieu handeln, Putin und Erdoğan, aber doch so, dass Schwellen abgetragen werden, ganz sacht. Die deutsche Regierungszentrale ist virtuos im lautlosen Geschäft: Sie organisiert die flächendeckende Abschaltung treffsicherer Kritiker. Autokraten der lauten Sorte könnten von ihr lernen.

Deutschland schien gut regierbar; eine Untertanenkultur mit verlässlichen Tabus. Kleine Störfeuer, kein Flächenbrand.

Und neuerdings genau das, ein Flächenbrand. Ein Integrationsproblem der absurden Art. Massenhaft deutsche Flüchtlinge im eigenen Land, die auf Isolation mit Selbstisolation reagieren. Flüchtlinge aus dem Gehege der Regierungspolitik, die allen Parteien Wähler entführen – und Tausende Nichtwähler zu Wählern machen.

So mischen sich Willkommen und Abschied auf eine fatale Weise. Wer nun alle innerdeutschen Flüchtlinge aus Merkel-Land ins AfD-Ghetto sperren möchte, verkennt die wahre Zahl der politisch heimatlos gewordenen Deutschen.

Es ist kein Zufall, dass die AfD eher den Fluchtraum bietet, aber kaum Programm. Sie sammelt Fliehende ein, so wie Deutschland Fliehende sammelte, als Merkel noch die Heldin der Stunde war. Nun, da sie aufräumt und abräumt, cool bis ans Herz hinan, wenden die geflohenen Deutschen sich – noch? – nicht wieder ihr zu.

Jetzt stimmt doch die Politik!, rufen die Getreuen der Kanzlerin in die Mikrofone. Die Versprengten aber kommen nicht so schnell zurück. Ihre verschlüsselte Botschaft lautet: Eine Regierung, die so viele Spielregeln der Demokratie abräumt, und Politmanager, die das Parlament entmachten, zerstören auch den Respekt ihrer Schutzbefohlenen, der Bürger, vor dem demokratischen Regelwerk. Und niemandem fällt ein, was die deutschen Flüchtlinge brauchen: Integration.

Die Demonstration der entflohenen Wähler ist der gefährliche Cocktail aus Wut und Trauer, für den die Politik nicht vorgesorgt hat, weil sie »Schutzbedürftige« grundsätzlich nicht unter den eigenen Bürgern vermuten wollte. Dass die deutsche Flüchtlingspolitik ausgerechnet Flüchtlinge produziert, kommt einer Enthüllung gleich, die sich kein Regierungsmitglied wünschen mag.

»Deutschland verändert sich« wird nun im Sinne dieser Vernachlässigung von Menschen, die man durch Wohlstand »versorgt« glaubte, als Drohung verstanden. Die schutzlosen Bürger des Willkommensprofis Deutschland tauschen mangels Antworten Vermutungen aus: Das Projekt Europa, so mutmaßen sie, wird nun, labil wie es ist, Teil eines entgrenzten Weltabenteuers, wo überwundene Verfeindungen wieder hoffähig werden, weil auch Deutschland zum großen Player werden will, der Wertschranken niederlegt und »rote Linien« löscht. Disponibel mit Autokraten »auf Augenhöhe« umgehen, wo heute gilt, was morgen schon entkräftet ist, eine Welt, in der es kaum noch Kausalitäten und Konsequenzen gibt, wo der politische Augenblick alles gilt: Das ist jenes Set neuer Politikkompetenz, das Flüchtlinge im eigenen Land macht. Nicht weil sie kleinkariert denken und fühlen, sondern weil sie, politisch unerfahren wie Kinder, eher das Große sehen als das Kleine.

Mit beschnittenen Wurzeln, so wissen die Flüchtlinge von weither und aus Deutschland in Deutschland, kann man »Veränderung«, die ziellos bleibt, nur als leer empfinden. Die Flüchtlinge ahnen, dass die Politik nicht konkret sagen kann, wohin die Veränderung führen wird. Da auch das Versprechen fehlt, die Schutzbefohlenen beider Varianten, die von weither Gekommenen und die schon länger in Deutschland lebenden deutschen Bürger, mit dem Ethos der Grundrechte und dem Schutz der Rechtsordnung auszustatten, bleibt auch die Formel seltsam leer, die Flüchtlinge aus fernen Kulturen müssten sich der deutschen Verfassung unterwerfen. Die der deutschen Politik entflohenen Wähler beobachten zugleich die wachsende Rechtsunsicherheit in Deutschland und Europa und die Erosion der Verfassungswerte.

Die Therapieformel der Politik lautet routiniert: »Verlorenes Vertrauen zurückgewinnen.« Vertrauen ist Schwerarbeit, und – das ahnt die Politik nicht einmal – Vertrauen lebt von der Risikobereitschaft des Stärkeren. Wer die Macht hat, der fängt an. Vertrauen ist Wagniskapitel.

Exakt beschrieben würde das Projekt lauten: Entflohene Wähler integrieren. Das sagt mehr über das politische Versäumnis, als allen Politikern lieb sein mag. Das Kommando »Flüchtlinge schneller integrieren!« ist ein Marschbefehl mit menschenverachtendem Beiklang.

Zugleich stellt sich heraus, dass im Zuge des weltmeisterlichen Willkommensprogramms in Deutschland eigene Landeskinder in hellen Scharen die Flucht ergriffen haben. Sie rücken zusammen, sie haben kein Programm. Und die Flüchtlingskanzlerin flieht vor ihnen. Angela Merkel, die einmal die »Kanzlerin aller Deutschen« sein wollte.

»Interessen« schlagen Werte: Die autokratische Versuchung wirft ihre Schatten voraus

Die Welt der Autokraten rückt näher.

Die Scheu vor Partnerschaften mit Diktatoren weicht den »Interessen«.

Auch Werte und Menschenrechte sind die Verlierer, seit »Interessen« als das überlegene Motiv gelten.

Die Autokratie wird attraktiver.

Die Demokratie verliert an Boden.

DIESER DEAL VERÄNDERT EUROPA. WERTE VERDAMPFEN IM MACHTWILLEN BEIDER SEITEN

Wer Raum für Wendemanöver braucht, muss für Ruhe beim Gesinde sorgen. Ganz einfach: jede Alternative »alternativlos« stellen.

Handzahm stehen die Oppositionsreste Schlange: Es geht ums Mitmachen ab 2017. Nicht ablösen, sondern aufspringen und mitfahren.

Regieren ohne Opposition macht Kontrollverlust zum Programm, denn Opposition ist Kontrolle. Autokraten kassieren daher die Opposition. In Baden-Württemberg gilt heute schon: Grün rettet Schwarz. Und der zukunftssensible Ministerpräsident Kretschmann kooptiert vorsorglich den Tübinger grünen Oberbürgermeister Boris Palmer, der bislang als Ausreißer in Richtung Schwarz galt.

Merkels Footprint wohin man schaut: Auch die Gespielen aus der Faymann-Zeit in Österreich votieren für *Leadership* in Grün, Die Vorübungen im entmachteten deutschen Parlament bei »großen Fragen« wie Eurorettung, Strafaktionen für kreative Schuldner in Südeuropa, danach der Regierungsauftritt als humanitärer Champion in Willkommenskultur, Entgrenzung und Kontrollverlust haben die Flexibilität der Untertanen trainiert.

Die Fortschreibung einer Politik, die Griechenland schon 2015 die Chance zur Selbstrettung kostete, läuft konsequent am Parlament vorbei. Begründung: Alte Pläne nicht neu abnicken lassen. Im Klartext: Alte Fehler nicht neu in die Kontrolle des Souveräns geben.

Oft wurde gesagt, Angela Merkel mache Politik »vom Ende her«. Das Gegenteil ist richtig: Die deutsche Kanzlerin macht Politik vom Augenblick aus. Eine Art »Akutpolitik« ist Merkels Markenzeichen, das galt für die Tage des freundlichen Lächelns wie für den *Turnaround* danach. Als Herrscherin zeigt die deutsche Regierungschefin ein *split face*.

Das Machtporträt von Angela Merkel zeigt eine Frau mit mindestens zwei Gesichtern. Ihr Politikentwurf ist ein Hybrid unter den bisher bekannten Politikentwürfen. Der langfristige Erfolg dieses neuen »Geschäftsmodells« könnte auf diesem volatilen Politikstil beruhen, denn »augenblicksgerecht« war das »freundliche Gesicht« beim Ungarn-Stau genauso wie der coole Staustopp danach. Im klassischen Repertoire der Westpolitik ein unerträglicher Widerspruch, Im Hybridstil der Kanzlerin eine kaum verhüllte Kampfansage: Sonst sei das nicht mehr ihr Land, gab sie zu Protokoll, und der globale Hit flog per Selfie um die Welt.

Die Kanzlerin weiß, was ihre Untertanen noch nicht wissen wollen: dass Deutschland sich weit entfernt hat von den Standards, nach denen der Souverän die Macht verteilt. Der Satz vom »anderen Land« verdeckt nur scheinbar den unaussprechlichen Gedanken, dass Merkel sich gern ein anderes Volk wählen würde. Sie könnte dann aufhören, täglich Zugeständnisse an die noch nicht angekommenen Kollegen in der EU und weltweit zu machen. Die Inflation der Worte, mit denen die Werte der freien Welt beschworen werden, verbirgt die Deflation der Taten.

Historische Übergänge sind so, hört man jetzt öfter. Zustimmung von gewählten Parlamenten wird zum Risikofaktor; also wächst die Fantasie der Mächtigen, die Volksvertreter auszuschalten – von Fall zu Fall oder, wie Erdoğan, auf jeden Fall.

Der Schulterschluss mit Autokraten ist nur möglich, wenn beide Seiten ein gemeinsames *Undercover*-Bild der heraufziehenden neuen Zeit haben.

Auch wer die Kanzlerin stört, muss mit Konsequenzen rechnen. Aber beim Deal mit dem Diktator legt EU-Leader Deutschland Wert auf die Unterschiede, weil Europas Bürger in der Welt der volatilen Bündnisse noch nicht angekommen sind. Anders als Erdoğans Staatsvolk, das den totalitären Jubel schon beherrscht. Erdoğan vertraut dem präsidialen Politikstil der deutschen Kanzlerin. Der türkische Staatschef weiß, was hierzulande niemand zu denken wagt: Die deutsche Kanzlerin ist seinem Geschäftsmodell näher, als ihr Staatsvolk wissen darf. Er setzt auf verschwiegene Ähnlichkeiten statt auf Unterschiede. Beide wollen ihre politische Karriere vollenden, das kostet einiges, wie beide wissen: ein paar europäische Werte, die ohnehin zur Disposition standen.

Aber das ist noch nicht alles. Merkel steht für das Experiment einer nur noch taktischen Machtpolitik, die »akut« erfolgreich scheint. Als Akutpolitikerin kann sie keine lange Linie mehr zeichnen, weil die Weltlage volatil ist. Schon morgen kommt der nächste flüchtige Augenblick, der den nächsten Akutsieg möglich macht. Handlungsmaximen, die wir »Werte« nennen, verkleinern den Spielraum.

Die deutsche Kanzlerin ist damit in das Machtkartell der hochflexiblen Spieler eingetreten, die das Recht des Stärkeren vertreten. Merkel spielt dabei eine Karte aus, auf der das Herzass der Meisterin in *humanities* steht; das wirkt wie ein *Noli me tangere*, »rühr mich nicht an« unter den kompromisslos Starken: »*Noli me tangere!* Ich habe Sonderkonditionen, ich wohne im Reich des Guten.«

Merkels Markenpower lebt auch von diesem Alleinstellungsmerkmal: Wir sind nicht wie jene, mit denen wir nun im Namen der Menschenrechte verbunden sind. Der Zweck heiligt die Mittel – nicht zum ersten Mal. Auch die Vernichtung der Chancen von Südeuropas Jugend folgte einer fragwürdigen Güterabwägung, die ein Währungsabenteuer über die Würde und die Verfassungsrechte der jungen Menschen stellte.

Wir sind nicht wie unser Vertragspartner Erdoğan, heißt es heute im gleichen Ungeist. Wir brauchen ihn nur. Es ist, im Stil der Akutpolitikerin Merkel, eine Augenblickspartnerschaft. Der Kollateralnutzen, den die Erdoğan-Debatte liefert, bleibt unerwähnt.

Die präsidialen Züge der deutschen Regentin werden nicht mehr erwähnt, seit wir den präsidialen Nachbarn als bösen Buben vorführen können. Im Schatten dieser Verschiebung der Aufmerksamkeit gelingt sogar das Paradox: Mit dem Diktator zu kooperieren wird geradezu zur Pflicht, da wir ihn, wer weiß, verwandeln durch Verhandeln. Also ist auch die Bindung an den Autokraten »alternativlos« und werthaltig.

Im Kollateralnutzen schwimmt noch ein hocherwünschtes Vergessen mit. Die beiden Partner des Türkendeals, Merkel und Erdoğan, haben noch etwas gemeinsam: die hochbrisante Causa Böhmermann. Merkels Vorleistung bestand immerhin im Schulterschluss mit dem Kläger Erdoğan. Auch dieses fatale Werbegeschenk an den Deal-Partner ist vom Tisch, zumindest mittelfristig. Der Nutzen des Bündnisses mit dem bösen Nachbarbuben liefert obendrein den Schlagschatten, in dessen Schutz der nächste verantwortungslose Griechen-Deal am Parlament vorbeigewinkt wurde. Die Fehlerbilanz des Griechen-Deals von 2015 verlangt nach neuen Fehlern; also Kurzschluss der Debatte. So nützlich ist der Deal mit Erdoğan. Es ist ein Deal, der Europa verändert. Merkel und Erdoğan wissen das. Zum Kollateralnutzen des Paktes gehört die Beschleunigung der Abschiede vom europäischen Werteset. Stein für Stein kommen sie ins Rollen, die viel beschworenen Verfassungsgarantien.

Als Ausnahme deklariert, wird der präsidiale Deal zweier Hybridpolitiker zum Präzedenzfall werden nach dem Motto: Da geht noch mehr.

Ein Rückblick lohnt: Autokratische Tendenzen, auch in Deutschland, wurden zuerst mit der Misswirtschaft der im Euro gestrauchelten Staaten Südeuropas begründet, nach Ausbruch der Flüchtlingskrise dann mit Eilbedarf und notstandsähnli-

chem Handlungsdruck. Sowohl im Fall der Ungarn-Flücht-
linge als auch bei der brutalen Korrektur dieses Reputations-
erfolgs (international kein Wunder, man profitierte von dieser
Fehlentscheidung Merkels) entstand auch bei uns eine Unter-
werfungsbereitschaft der Demokraten unter autokratische
Selbstermächtigungen der Regierenden.

Das Paradox: Die Politik rechtfertigt das *Laisser-faire* im Fall
Erdoğan nicht nur mit der Formel »Wir brauchen ihn«, sondern die Merkel-Regierung tarnte ihre Alleingänge mit den autokratischen Entwicklungen als »alternativlos« *wegen* Erdoğans
Machtergreifung in Richtung Diktatur.

So fördert sogenannte EU-Rettungspolitik totalitäre Entwicklungen in Europa.[9]

Die Umwertung der demokratischen Werte beginnt – Demokratie als Handicap

Die EU erscheint als Demokratie-Killer auf der Weltbühne. Schluckt das große politische Format generell demokratische Regelwerke?

EU-Politiker erliegen der autokratischen Versuchung

Demokratie als Handicap, wie sie die EU-Topmanager täglich erleben, führt zu der Frage: Ist die EU ein Demokratie-Killer?

Ist das größere Format, ein Reich aus Nationalstaaten, wie es die Brüsseler EU-Führung anstrebt, nur unter Demokratieverlusten durchsetzbar? Das EU-Topmanagement ist seit Jahren mit der Tarnung von Entscheidungen und Maßnahmen beschäftigt, die demokratisch nicht legitimiert werden, weil sie unter Demokraten nicht durchsetzbar wären. Der europäische Patient, dessen angeschlagene Kondition mit den Angriffen auf die demokratischen Spielregeln gerettet werden soll, heißt Euro.

Schon das Babyalter dieses chronisch kranken Homunculus Euro stand im Zeichen fiktiver Überlebenschancen: Die bleierne Decke der nicht konvertiblen Währung stabilisierte die Starken – Deutschland an der Spitze – und verführte die schwachen Volkswirtschaften, einen tödlichen Höhenflug zu wagen, der in die Überschuldung führte. Die Abhängigkeit der verschuldeten Länder von der Übermacht EU war nicht wenigen Toppolitikern in Brüssel durchaus willkommen. Sie ergriffen die Gelegenheit, um ein Fernziel überraschend aktuell zu machen: die Übertragung von demokratisch garantierten Souveränitätsrechten der Schuldenstaaten auf die EU.

Offiziell lief das Projekt »Eurorettung« an; in Wahrheit stand der Kern des demokratischen Systems zur Disposition. Die dramatischste Verwundung ihrer Glaubwürdigkeit fügten sich dabei die EU-Olympier selbst zu: Als Kolonialherren auftretend, die Erpressung als legitime Waffe im Gepäck, eröffneten sie im Namen der EU ein vernichtendes Kapitel in der riskanten Bündnisgeschichte der starken Länder mit den eurogeschädigten Staaten Südeuropas: Von nun an verhandelten nicht Bündnispartner demokratisch miteinander, sondern Gläubiger traten Schuldnern entgegen.

Dieses neue Kapitel ist für keines der zur »Rettung« der Währung, nicht des Lebensglücks ihrer Bürger verurteilten Länder im Jahre 2017 abgeschlossen. Als Samariter verkleidet, beschönigt die EU mit dem strengen Strafbefehl der deutschen Kanzlerin in der Tasche Teilerfolge bei der Überwachung des schwerkranken Patienten Euro. Die zerstörten Ausbildungs-, Arbeits- und Lebenschancen von Menschen laufen unter Kollateralschäden. Das ist Kriegslatein, nicht Friedensbotschaft von Demokraten.

Wer glaubt, das Regelset der Demokratie im selbstdefinierten »Notfall« »vorübergehend« außer Kraft setzen zu können, der erfährt ziemlich bald: Das aufgegebene Gelände versinkt unter unseren Füßen, es öffnet sich nicht wieder. Zu viele ähnliche »Notfälle« erscheinen plötzlich auf der Währungsagenda, alle »vorläufig« und alle mit durchschlagender Verlustbilanz. Am Ende gelingt es nicht, mit den Menschenopfern, die die Jugend Europas zu Tausenden chancenlos stellen, die verfassungswidrig an ihre Stelle gesetzte Heilung des Patienten Euro zu retten.

Die Demokratie in Europa ist nach zahllosen Rechtsbrüchen durch ihre »Retter« inzwischen genauso angeschlagen wie die Währung, der die Rettungsversuche gelten, der Euro.

Nicht wenige EU-Politiker glauben, dass ihr Plan einer *ever closer union* nur über eine leise Revolution zu erreichen ist. Diese Europäer in den oberen Rängen der Brüsseler Hierarchie verfolgen das Projekt einer Totalrevision der traditionellen Demokratie, wie sie die meisten Bürger Europas kennen. Die Akzeptanz für diesen Abschied schätzen die Befürworter als sehr gering ein; darum der Plan einer »leisen« Revolution, in kleinen Schritten. Die »kleinen Schritte« hatte Merkel schon am Start ihrer Kanzlerschaft als ihr Führungsmodell gemeldet. Eher *undercover* ändern als auf den Meinungsmärkten verteidigen – dieser Stil des Machterhalts ist seither allen Deutschen bekannt. Die Kanzlerin betrat die Bühnen der Westpolitik mit dem Grundwissen, dass politische Systeme so vergänglich sind wie die weltpolitischen Szenarien, in die man eintritt, um die eigene Macht zu mehren. Dass in turbulenten Szenarien, die Machtzuwachs versprechen, für Normalbürger die Fetzen fliegen können, hat sie als Regisseurin der »Eurorettung« mit dem eisigen Schweigen der Täterin hingenommen. Das Wohlergehen der Mandatsgeber für die Machtgeschichte der Mächtigen stand deshalb von Anfang an nicht auf Platz eins ihrer Agenda. Und die traditionell erzogenen Demokraten lieferten der Kanzlerin das Inkognito für ihre *undercover*-Aktionen frei Haus: »Willkommenskultur« klang da so hinreißend emotional wie das Fukushima-Statement mit seinem Flankenschutz durch »alternative facts«, würde Trumps Sprecher sagen: Die Faktenkette in Merkels Begründung für einen Frontalangriff auf die Demokratie war Punkt für Punkt getürkt.[10] Die deutsche Kanzlerin arbeitete in der gesamten Eurokrisenlandschaft mit einem Erfahrungsvorsprung, der sie zur geborenen Liquidatorin der Demokratie machte.

Reiche vergehen, die machterprobten Spieler bestehen, so lautet die Erfolgsformel, die Merkel zur Topfigur Europas gemacht hat. Nur auf diesem Hintergrund versteht man auch ihre duldsame Grundhaltung gegenüber Putins Revision klassischer Kriegsspiele mit konventionellen Waffen – ein Rückgriff auf Geschichtskapitel, die die gesamte westliche Politcommunity für abgeschlossen hielt. Merkel wusste: Das *window of opportunity* muss sich nur leise öffnen, und schon findet sich einer, der es aufstößt und das Haus in Brand setzt.

In diesem Sinne ist Angela Merkel eine Schirmherrin nicht nur des Wandels, sondern eine Avantgardistin bei der Zertrümmerung von Werte- und Rechtsordnungen, die den Kern der Demokratie ausmachen, weil sie ein Menschenbild schützen, das die Würde des Menschen unantastbar stellt. Merkel gehört zu den Promotoren der Umwälzung, die das größere Reich Europa mit seinen Brückenpfeilern in der Welt tatsächlich nicht für demokratisch regierbar halten. Die autokratischen Soli der Kanzlerin zeigen in diese Richtung. Draghis Geldpolitik wird vom Autokraten an der Spitze der EZB mit amüsiertem Lächeln gegen die zutreffende Vermutung nicht verteidigt, dass die Emergency-Vision von Europa im Euro eher ein Demokratie-Killerprojekt sein müsse, wenn man die Fliehkräfte bändigen wolle.

Wenn es so ist, dass die Vollendung Europas tatsächlich Demokratie kostet, dann lässt sich die Lage der Topeuropäer durchaus als ein Dilemma beschreiben. Das Abdriften einer wirtschaftlich erfolgreichen Nation wie der Türkei in ein totalitäres System, die Eroberungszüge Wladimir Putins, das Scheitern des »Arabischen Frühlings« belegen das Scheitern der demokratischen Mission der westlichen Welt.

Die politische Führung der EU-Mitglieder Ungarn und Polen sucht ihre Position durch autokratische Strukturen innen- wie außenpolitisch zu stärken.

Das Dilemma der EU-Politiker, die mehr Autokratie und weniger Demokratie für unausweichlich halten, wenn der europäische Entwurf einer machtvollen Staatengemeinschaft ein regierbares Bündnis werden soll, beruht auf dem unlösbaren Widerspruch, weitere Fluchtbewegungen von EU-Mitgliedstaaten in autoritäre Herrschaftsmodelle abzuwehren und gleichzeitig autokratische Tendenzen in der EU-Organisation selbst für unvermeidlich zu halten.

Schluckt das große politische Format in jedem Fall demokratische Regelwerke? Ist das EU-Projekt, immer mehr staatliche Souveränitätsrechte zu zentralisieren, nicht zwangsläufig ein Killerprogramm für die Demokratie? Gehören Hoheitsrechte wie eigene Wirtschafts- und Finanzressorts nicht in die Nähe der Mandatsgeber, der Bürger, die ihre eigenen Angelegenheiten nicht irgendwo im Orbit einer Mammutbehörde verschluckt sehen möchten, wo niemand ihre Lebensbedingungen und ihren Lebensort kennt?

Wenn die EU mit dem Versprechen auftritt, als Entschädigung für die Preisgabe der Hoheitsrechte – die, demokratisch gelesen, den Bürgern gehören und von deren Mandatsträgern nur verwaltet werden – ein Ticket für Weltbürgerschaft zu überreichen, so fände sich heute dafür keine bürgerliche Mehrheit. Die Europamanager wissen das. Darum tarnen sie jede ihrer demokratieschädigenden Maßnahmen umständlich und umgehen die Voten der Parlamente.

Haben die Topeuropäer denn bei ihrer »Eurorettungsaktion« nicht daran gedacht, dass die im Rettungsgeschehen verarmten Kulturen Südeuropas mit ihrer beschäftigungslosen, demotivierten Jugend sich allenfalls zu Europaskeptikern wandeln, aber doch nicht zu begeisterten Europäern mutieren würden?

Wer begonnen hat, Europa autokratisch zu denken, der vermag nicht mehr zu erkennen, dass nationale und übernationale Kulturräume aus der Identität der Menschen, die in ihnen leben, ihre Energie beziehen. Südeuropas Länder, die im Schlagschatten der Kolonialherren aus der EU zu nichts anderem mehr definiert wurden, als Schuldner zu sein, denen Gläubiger als Scharfrichter gegenüberstehen, können gar nicht mehr lernen, Europa zu lieben. Hatte daran niemand im »Retterlager« gedacht? Oder schlimmer: Ist der Gemütszustand von Verlierern eines verfehlten Projekts aus Autokratenperspektive unwichtig? Dann ist bald auch das Projekt Europa auf der Verliererstraße.

Demokratie im Sog der Autokraten – Das demokratische Projekt erkrankt an einer Immunstörung

Europa als Großprojekt soll autokratische Manieren der Gipfel-europäer in Brüssel rechtfertigen.

Wer dort Erfolg haben will, hält kein Plädoyer mehr für die Demokratie.

Schließlich wollen alle Olympier in Europa noch mächtiger werden.

Die deutsche Kanzlerin: Avantgarde zur Überwindung der Demokratie zugunsten eines autokratischen Zentralismus

Politische Parteien sind Hüter der Demokratie. Wer Gründe hat, auf den Diskurs der Parteien beim Regieren zu verzichten, wird sich um eine Entmachtung der Parteien kümmern. Der einfachste Weg zur Entmachtung der Parteien führt über die Verschmelzung ihrer Botschaften bis zur Austauschbarkeit. Damit wird der Kampf der parlamentarisch vertretenen Parteien um Wählermehrheiten immer schwieriger. Andererseits wächst die Macht der Regierenden, die verwechselbar gewordenen Parteien immer häufiger zu einstimmigen Entscheidungen zu bewegen. So entsteht unter der Hand eine Quasi-Einheitspartei. Die politische Führung kann die Zustimmung aller maßgeblichen Parteien im Parlament attraktiv machen, indem sie die jeweils anstehenden Entscheidungen in ein Krisenszenario stellt, das die Bündelung aller Kräfte zum großen Konsens »noch demokratischer« erscheinen lässt als den traditionellen Wettbewerb der Argumente.

Seit Kanzlerin Merkel regiert, ist das demokratische Pathos im Umfeld kontrovers diskutierter Entscheidungen in einen Dämmerschlaf geglitten. Soloauftritte von Kritikern des »Eurorettungsprogramms« oder der Verstaatlichung der Energiewirtschaft, im Poesiealbum der Bundesregierung als »Energiewende« geführt, sind seltener geworden – und unterliegen einem Regulierungsprogramm. Wer der Schleifung der Parteigrenzen zwischen CDU und SPD nicht spontan zustimmen mochte, wurde in zehn Jahren *brainwash* trainiert, den eigenen Nutzen neu zu definieren: auf Kanzlerlinie, ein persönliches Risikomanagement.

Die Dominanz der Kanzlerin hat ihre Geschichte. Je öfter sie die Spielregeln der Demokratie außer Kraft setzt, sei es mit Alleingängen im Epochenformat wie der sogenannten Energiewende, sei es im »Eurorettungskrieg« mit den Südländern Europas, desto unberechenbarer wurden die jeweils nächsten Überraschungskapitel. Im gleichen Maße wie die Unberechenbarkeit der politischen Führung in Deutschland und Europa anstieg, wuchs die Neigung der abhängig Beschäftigten in der politischen Führungsriege, sich an genau die Führungspersönlichkeit zu halten, die das Kalkül der Turbulenzen beherrschte. Wer Regie führt im Machtpoker, bindet alle Kräfte an sich, weil alle das Ticket für morgen haben wollen; das gibt es nur im Zentrum der Macht. Was diese Machtzentrale anzettelt, wird dabei zweitranging. Ob die Turbulenzen, in denen das eigene Land und Europa taumeln, von genau dieser Führung zu verantworten sind, spielt ebenfalls keine Rolle für die Bewerber um machtnahe Positionen. Kategorien wie Verantwortung verlieren gleichzeitig ihr Gewicht, wenn die Unübersichtlichkeit steigt. Die Einzeldosis Verantwortung wird immer kleiner, während die Turbulenzen größer werden.

Die leise Demontage von Parteienwettbewerb und Parlamentsmacht steigert das Machtpotenzial der Kanzlerin. Ihre sichtbare Unabhängigkeit von diesen und anderen demokratischen Verfassungswerten wirkt auf ihre Mitstreiter wie ein Entspannungsprogramm: Alles geht auch anders. Gesetze fallen, Grenzen werden abgeräumt, neue Gesetze erblicken das Licht der globalisierten Welt, fast alles ist möglich.

Merkels ideologiefreies Wirken hat in den zehn Jahren ihrer Kanzlerschaft unmerklich Grenzen des Denkens und Handelns verschoben. Ihre Machtvollkommenheit baut sie zugleich aus: Die neue Grenze in Merkels Machtlandschaft markiert einen gesteigerten Machtanspruch, der auch die Macht über Fakten einschließt: »Alternativlos« stellt die Kanzlerin jede ihrer Entscheidungen, um klarzustellen, dass sie Widerspruch nicht dulden wird. Das Macht-Ego ihrer männlichen Kollegen in der autokratischen Avantgarde dieser Jahre – Erdoğan, Putin und Trump – sagt »Ich will«, um klarzumachen: Widerstand ist sinnlos. Die deutsche Kanzlerin wählt die weibliche *hidden decision*: Sachzwang, »alternativlos. Einspruch sinnlos«. Dass die Kanzlerin einer Avantgarde zuzurechnen ist, zu der Putin und Erdoğan gehören, der auch der ungarische Staatschef Orban sich verpflichtet sieht – die polnische Regierung und einige europäische Staaten im Wartestand vor Wahlen gehören auch dazu –, ist allerdings in Deutschland und Europa noch *hidden agenda*-Stoff. Tabu ist dieser Gedanke angesichts der noch geltenden Vereinbarung Europas zu Donald Trumps Machtstil. Wer Merkels multifunktionalen Diskursblocker »alternativlos« allerdings neben Trumps *alternative facts* stellt, der sieht: Beide machen dasselbe; sie beanspruchen die Macht über Tatsachen – genauer noch: die Macht, Tatsachen zu schaffen, die alle anderen Beobachter nicht erkennen.

ALTERNATIVLOSE *ALTERNATIVE FACTS* – AUTOKRATISCHES WETTERLEUCHTEN VON BERLIN BIS WASHINGTON

Das ist die autokratische Sprache der Macht. *Alternative facts*, im Oval Office erfunden und mit Präsidenten-Logo in die Welt geschickt, sind das faszinierende Gegenstück zum »alternativlosen« Entscheiderprofil Angela Merkels. Beide Machthaber sagen im Grunde dasselbe: Nicht nur die Meinungen über die Dinge, wie sie sind, sondern die Dinge selbst sind das Produkt der Mächtigen. Das ist Klartext der Macht im neuen Weltkapitel: »Die Alternative sind wir«, sagen die Trendsetter der neuen Ära.

Noch wichtiger als die globale Synchronschaltung der neuen Avantgarde ist die Wirkung, die von den Ansprüchen der Mächtigen ausgeht, auch absurde oder surreale Positionen der Macht zu akzeptieren. Wer glauben möchte, dass die Okkupation solcher hybriden Profile durch Machtbesitzer ihrem Ansehen schade, der irrt. Das Gegenteil trifft zu. Je unberechenbarer sich ein Machthaber gibt, desto mächtiger erscheint er den von ihm Abhängigen. Der türkische Diktator in spe Recep Tayyip Erdoğan liefert das schlagende Beispiel. Je weniger man weiß, welche Verschärfung sein Machtkonzept morgen oder übermorgen bringen wird, desto stabiler wird seine Machtbasis. Je häufiger die deutsche Kanzlerin im Götterhimmel der Mächtigen »über dem Gesetz« angetroffen wird, desto ungestörter wächst die Bewunderung, die ihr gilt.

Die autokratische Versuchung ist weltweit auf der Erfolgsstraße, unabhängig von politischen Systemen. Die Akzeptanz für Rechtsbrüche und Grenzverletzungen jeder Art steigt auch in intakten Demokratien, wenn die Normenknacker Regierungschefs sind. »Intakt«, so zeigt ein zweiter Blick, ist auch die deutsche Demokratie schon länger nicht mehr. Die Regierung legt aber Wert darauf, ihre Ausreise aus der heilen Demokratie noch so lange zu bestreiten, wie die Achse der Guten, die regierungsamtlich der Arbeitsort der Toppolitik ist, ihr Premium-Produkt global zum Export anbieten will: »Unsere Demokratie, unser Recht, unsere Werte« treten in diesem Verkaufsschlager als unschlagbare Trias auf. »Unsere Werte« sagt die Kanzlerin noch nicht so lange. Dass sie es immer öfter sagt und auch die Demokratie und der Rechtsstaat unbedroht in unseren Händen überleben, ist im Grunde die Nachricht von ihrer Entmachtung.

Für Trump wie für Merkel gilt: Das Medium ist die Botschaft. Bei beiden fragt man immer seltener, welche Botschaft sie *bringen*, weil sie die Botschaft *sind*. Noch sitzen wir alle im zweipoligen Denkgefängnis, in dem nur Gegensätze gelten: du oder ich, ihr oder wir, unsere Werte gegen eure Laster, unsere Gerechtigkeit gegen euer Recht des Stärkeren, unsere Demokratie gegen eure Autokratie, unsere liberale Gesellschaftsordnung gegen eure freiheitsfeindliche Doktrin. Während wir das alte Schwarz-Weiß-Modell halbherzig vertreten, erkennen wir uns selbst als Täter bei seiner Auflösung.

Angela Merkel war schon bei ihrem Amtsantritt eine Trendsetterin ohne Interesse an Systemgegensätzen. Sie war unideologisch bis zur Gleichgültigkeit gegenüber Parteien-Credos und *mission statements*. Ihr Hauptinteresse, die Macht, hatte daher wenig Konfliktstoff ethischer Art zu beachten.

Im Reich der Autokraten: Der stärkste Regelbruch
macht unverwundbar

Unverwundbar wurde Merkel aber erst in der schwersten Akzeptanzkrise ihrer Kanzlerschaft, als sie mit dem »humanitären Imperativ« bewaffnet Europas Grenzen schleifte. Die internationalen Beobachter fanden schnell aus ihrer Schockstarre heraus zu dankbaren Huldigungen, die vor allem der Umleitung von einer Million »Schutzsuchender« nach Deutschland galten. So kontrovers die Debatte erschien, so groß war der Sprung nach vorn, den das Machtkonzept der Kanzlerin von da an erlaubte.

Als *humanitäre Superpower* besetzte Merkels Deutschland einen Spitzenplatz, der zuvor gar nicht definiert war – und den ihr niemand streitig machen würde, weil die eingehandelte Gefahr kaum kalkulierbarer erschien als die ökonomische Belastung. Willkommensprofi Deutschland verblüffte zunächst durch Unbekümmertheit, schon bald aber auch durch eine kaum vertretbare Risikofreude, was die Einschätzung des *Goodwill* der Migranten betraf.

Der humanitäre Impuls, den die Kanzlerin für ihr völkerrechtliches Solo als Grenzschleiferin geltend machte, war auch ein antidemokratischer Impuls. Niemand sprach sie darauf an. Wieder einmal regierte die deutsche Kanzlerin aus einem imaginären Olymp herab mit der Aura der übergesetzlich schuldlos gestellten Göttin.

Genauso hatte Merkel ihre Okkupation der Energiewirtschaft 2011 begründet: Ein emotionaler Steilflug mit – im Trump'schen Sinne – *alternative facts* ohne Wahrheitsgehalt sollte auch den wahrheitsliebenden Verteidigern des Rechtsstaates jeden Mut zur Kritik nehmen. Auch damals gelang das demokratiefeindliche Spektakel auf der Basis vorgetäuschter Gefühle. Auch davon wird noch zu reden sein: Wie die Kanzlerin lernte, die schärfste Waffe ihrer Gegner selbst zu nutzen – den Gefühlsorkan gegen jede Vernunft.

Die Immunstörung der Demokratie würde die deutsche Kanzlerin wohl nicht diagnostizieren. Aus ihrer Eurokrisen-Karriere weiß sie: Wenn Gesetze nicht mehr passen, werden sie einfach kaltgestellt – wie Mitarbeiter, die zu den Zielen der Chefin nicht mehr passen.

Merkel würde in allen Fällen von EU-Rechtsbrüchen, die sie und ihre Kollegen gemanagt haben, zur Entdramatisierung raten. Ihr Desinteresse an Regeln und Traditionen wiegt so schwer wie ihre Erfahrung mit einem Unrechtsstaat, der sich Rechtsstaat nannte, der »Recht« sprach und Strafen für »Rechtsbrecher« verhängte, die das System nicht fraglos akzeptierten. Selbst wenn sie sich selbst durch Flucht aus dem Spiel nehmen wollten, traf sie die härteste Strafe, die Todesstrafe am »Todesstreifen«, wie die deutsch-deutsche Grenze hieß.

Die Kanzlerin ist Avantgarde beim hochriskanten Unterfangen, die Spielregeln der Demokratie zu überwinden. Dass ein zentralistisches Modell von Führung ihr auch im eigenen Land, nicht nur in Europa, attraktiver erscheint als das unablässige Frage- und Antwortspiel der parlamentarischen Demokratie, ist als roter Faden ihrer *hidden agenda* zur Sicherung ihrer persönlichen Macht zu erkennen.

Und natürlich will sie mehr als die eigene Macht sichern, deren Endlichkeit auch ihr bekannt ist. Sie arbeitet an postnationalen Strukturen, in denen sie als Herrin über ein neues Werteset und einen hochexplosiven Mix der Kulturen eine humanitäre Sonderstellung für den deutschen Part beansprucht, einen Part, der die Bürger zu übernationalen Vaganten zwischen den untergehenden Einzelkulturen erzieht, die das Wort »Demokratie« kaum noch buchstabieren können.

Die radikale Vision betont jene Züge der scheinbar unverwundbaren Kanzlerin, die von den Deutschen am wenigsten verstanden werden, die aber den höchsten Anteil an den Pro-Merkel-Voten der Wähler haben: Der wichtigste unter diesen Zügen ist Merkels Indifferenz, eine immer wieder durchschlagende Gleichgültigkeit gegen Bekenntnisse und Leidenschaft. Gefühle sind für Merkel strategische Waffen. Man setzt sie ein, man erliegt ihnen aber nicht. »Mitleid ist nicht mein Motiv«, erklärt sie unvermittelt und ungefragt in der bis heute jüngsten Kehrtwende, jener vom Willkommens-Champion zum Abschiebe-Profi. Eine entschiedene Richtigstellung. Gilt sie auch für die Soap vom »freundlichen Gesicht«?

So indifferent wie Merkel mit Glück und Elend umzugehen, das möchten viele Wähler von ihr lernen. Das wählen sie, um es der eigenen Unrast und Erschrockenheit an die Seite zu stellen.

Das aber ist nicht alles. Wer im politischen Geschäft ein Weltstar ist wie Angela Merkel, der erhält von autoritätsverliebten Untertanen besondere Lizenzen. Mit einer vielfach dekorierten Staatslenkerin fühlen auch die Bürger sich aufgewertet. Wichtige Chefs machen auch ihre Mitarbeiter stolz und wichtig. Auch die Mitarbeiter im Unternehmen Germany nehmen den Bonus der Starkanzlerin nicht einfach hin. Sie möchten ihn erhalten. Was unternehmensfremde Beobachter die »Unberechenbarkeit« der Politikerin Merkel nennen, was Merkel-Ignoranten angesichts der subdemokratischen Alleingänge der Kanzlerin illegal und gefährlich nennen möchten, das bringen die Profiteure ihres globalen Ruhms in einer ganz anderen Rangordnung unter. Da wird das »Unberechenbare« in den Status der *Unerforschlichkeit* gehoben. Der Platz über den Gesetzen, auf dem die Regierungschefin öfter gesehen wird, ist als Sonderlizenz ein freiwilliges Geschenk der Wähler. Die autokratische Versuchung wird in Deutschland zum Bestseller.

Die Avantgarde Europas verliert die Gefahrenwitterung – Demokratie wird zum Störfaktor

Der Witterungsverlust der Demokraten lähmt die Sensoren des Führungspersonals.

Die schwer verwundete Demokratie landet nicht beim Therapeuten, sondern beim Scharfrichter.

Das Urteil lautet: Demokratie wird zum Handicap für die EU.

Die Immunstörung der Demokratie ist das Projekt einer Avantgarde

Die ideologiefreie Kanzlerin ist also die geborene Abwicklerin der Demokratie. Sollten wir auch das mit der Indifferenz der Kanzlerin sehen? Steht die Demokratie als ideal gedachte Staatsform, die alle Macht den Bürgern gibt, wie ihr Name sagt, in Zeiten zentralistischer Entwicklungen in Staaten und Staatenbündnissen den Machtvisionen der Staatenlenker vom Zuschnitt eines Erdoğan und Putin im Weg? Zwei – noch – als Gegenspieler wahrgenommene Chefs der westlichen Welt, Trump und Merkel, gehören ebenfalls zur Avantgarde der Zentralisten

Wer die »Immunstörung der Demokratie« avantgardistisch zu lesen versucht, der sieht in den Staatschefs der abdriftenden und der schon abgedrifteten Länder Promotoren der Überwindung von Demokratie. Während die meisten Europäer mit dem *mindset* der zweipoligen Welt auf die Politmanager schauen, als seien diese noch in jeweils gegnerischen Lagern unterwegs, arbeiten die Stärksten unter diesen Staatenlenkern an einer übereinstimmenden Agenda: über die gelenkte Postdemokratie in Großsysteme überzuwechseln, die keine Zersplitterung in Meinungsvielfalt mehr zulassen, weil alle Funktionen zentral gesteuert werden. Autokratisch regierte politische Einheitsgesellschaften, so die Vision, sind einfacher zu führen als meinungsfreudige Demokratien.

Für machtorientierte Staatschefs ist die Vision verlockend, weil sie übersichtliche Strukturen verspricht. Nahrung erhält die Vision der sturmreif geschossenen Demokratie durch die Spaltungserfahrungen der europäischen Länder. Statt *in* der Demokratie, klein gedacht, die zerrissenen Gesellschaften zu befrieden, könnte man, groß gedacht, die Staatsform selbst, die diese Risse nicht verhindern konnte, also die Demokratie, auf die Abschussliste setzen.

Allerdings ist die Demokratie viel mehr als nur ein menschenfreundlicher Ordnungsrahmen. Selbst die entkernte deutsche Demokratie ohne klare Parteienprofile, mit einem teilentmachteten Parlament, das von einer 80-Prozent-Koalition in Schach gehalten wird und praktisch oppositionslos um seine Balance ringt, ist nichts Geringeres als die Hüterin unseres Menschenbildes, das nicht Macht und Stärke in die Mitte der höchsten Güter stellt, sondern die Würde jedes Menschen. Gemeint sind damit unsere Verletzlichkeit und unser Schutzbedürfnis, nicht unsere Kampfkraft. Es ist die »Schicksalsempfindlichkeit« des Menschen, die auch im Konzept der sozialen Marktwirtschaft den zentralen Platz hält. Soziale Marktwirtschaft ist ohne Demokratie nicht machbar. Wenn Politiker heute die Parole vom »starken Staat« ausgeben, dann sind die Hüter unseres Menschenbildes in den Parlamenten zur Wachsamkeit aufgerufen. Die Drift in die gelenkte Demokratie ist seit Jahren lesbar mit immer mehr Plan und immer weniger Marktwirtschaft. Auch der Handstreich der »Energiewende« war ein Angriff auf die Demokratie, maskiert im Humanitaskostüm, das die Kritiker mattsetzte.

Politik und Medien sollten häufiger auf die Evolutionswissenschaftler hören, die den *homo sapiens* als Sieger der Lebensgeschichte der Arten sehen, weil er beides mitnahm: die Neugier auf Neverland, das Land, in dem niemand zuvor war, und die Sehnsucht nach Geborgenheit. Die Versuchung, eins für das andere zu opfern, ist männlich; die Unbekanntheitssuche bringt hohe Wärmeverluste in einem *split life*.

Homo sapiens hat als Flüchtling begonnen; er war ein Läufer, kein Raubtier, aber von den Stärkeren verfolgt: Während sein Gehirn wuchs, schwanden seine Reißzähne und Greifkrallen. Er lernte, sich zu behaupten via *brainpower*. Von Entdeckungen in Atem gehalten, legte er sein Heimweh nach Geborgenheit erfolgreich an die Kette.

Odysseus ist die Idealfigur des Managers einer viel späteren Kulturstunde, deren Dämmerung unsere Schritte unsicher macht. Die Demokratie in der modernen Zivilisation ist die sehr späte Realisierung des antiken Philosophentraums von einer »Herrschaft der Besten« im Auftrag des Volkes. Eine neue *terra incognita* hält die Toppolitiker in Atem: die Weltregierung. Während ihnen die Staatenbünde entgleiten, trauen sie dem demokratischen System ein übernationales Format nicht zu. Schon die Regenten des EU-Komplexes wählen immer häufiger Schleichwege am demokratischen System vorbei, um ohne nationale Zustimmung übernationale Entscheidungen durchzusetzen. Es sind jene Beschlüsse, die Angela Merkel »alternativlos« nennt, um den demokratischen Diskurs mattzusetzen.

Die autokratische Versuchung wird stärker, auch für die Topeuropäer. Sie sehen beim NATO-Mitglied und Vertragspartner Türkei im Flüchtlingstauschgeschäft, wie Führungsvisionen beschleunigt durchgesetzt werden können, wenn man die Demokratie abräumt. Mit machtpolitischem Geschick kann man den Abschied von der Demokratie sogar parlamentskonform gestalten. Erdoğan führt das vor.

Schritt für Schritt bleibt auch das Menschenbild auf der Strecke. Während die Bewohner der angeschlagenen Nachbardemokratien Erdoğans Demontage-Konzept Punkt für Punkt protokollieren – Freiheitsverluste, Rechtsunsicherheit, Medienblockade, Verhaftungen, Verhöre, Folter, Verfolgung in die Nachbarländer hinein –, stirbt mit dem *homo ludens* auch der *homo faber*. Beide zusammen beschickten das demokratische Projekt der freien Völker mit ihrer Energie. Autokratisch regierte Gemeinwesen sind geschlossene Gesellschaften; die demokratisch gewählten Regierungen der bis gestern »westliche Welt« genannten Regionen und Kontinente nennen ihre Staaten gern »offene Gesellschaften«. Während sie das weiterhin zu sein behaupten, hat die EU längst gute Gründe gefunden, die demokratische Rückbindung ihrer »Rettungsaktionen« für die Währung zu vermeiden. Der Souveränitätsentzug für subventionierte Volkswirtschaften wird selbstverständlich.

Wer ein großes Rad drehen will, national oder international, wird den demokratischen Radius des politischen Handelns als zu klein empfinden. Das gilt nicht nur für Despoten wie den türkischen Präsidenten Erdoğan; es gilt offenbar auch für die in der EU versammelten Demokraten der Union, gleichviel ob sie der Währungsunion angehören oder noch das Faustpfand einer eigenen Währung hüten.

»Demokratie als Handicap« könnte das verschwiegene Motto von vorwärtsdrängenden EU-Politikern sein, die mit der Relativierung demokratischer Grundrechte und -pflichten schon Erfolge vorweisen können. Die Mitgliedstaaten werden sich daran gewöhnen, dass post- oder metademokratisch betrachtet eine Spielregel nach der anderen außer Kurs gerät.

Trendsetter bei der Entdemokratisierung im Sog autokratischer Erfolgsmodelle ist die Leading European Company Deutschland. Die deutsche Kanzlerin war schon am Start ihrer Laufbahn als Avantgardistin für Systemwechsel unterwegs. Ihre Entdämonisierungsformel für die Serie der Volten, die sie vorlegte, lautet »Modernisierung« – ein kühner Anspruch auf dem Hintergrund ihrer bis dahin absolvierten Vita in einem ideologiebedingt rückständigen Land, das als Diktatur regiert wurde. Kaum in der Polithierarchie des deutschen Westens gelandet, versprach die Aufsteigerin den Demokraten einen »Modernisierungsschub«. Dass auf der *hidden agenda* hinter diesem biederen Angebot ein Umsturz der Kernbotschaften der Parteiendemokratie stand, haben viele Bürger und Meinungsmacher bis heute nicht zur Kenntnis nehmen mögen. Unter Merkel ist Deutschland auch in Sachen Systemwechsel Führungsmacht geblieben. Hier triumphierte der Plan über den Markt, zuerst beim Entsorgungsunternehmen »CDU ohne Wirtschaftskompetenz«. Schritt zwei: Wer »durchregieren« will, braucht keine Wehrpflichtarmee. Aussetzung quasi über Nacht. Schritt drei: Verstaatlichung der Energiewirtschaft – ganz nebenbei ein Exempel für den Anspruch der Kanzlerin, sich über das Gesetz zu stellen. Ein Dutzend demokratischer Rechte wurde vom Tisch gefegt. Schritt vier: Die »Eurorettung«, ein Sparmodell für eurogeschädigte Südeuropäer, unter deutscher Führung als Projekt zur zukunftswirksamen Entsorgung Tausender junger Europäer aus den Ausbildungs- und Arbeitsmärkten Europas. Chancenvernichtung made in Germany. Federführend: die deutsche Kanzlerin. Es ging nicht um Menschen, es ging um Geld. Da gibt es Kollateralschäden. 18 Prozent Arbeitslose 2017. Schritt fünf: die Grenzöffnung für ungezählte unerkannte Migranten. Humanitärer Supercoup, hoch über allen Rechtsnormen im Olymp der Alleingängerin entschieden. Schritt sechs: Die eisige Gegenmelodie, um den gewohnten Mix wiederherzustellen: zwar–aber, der Erfolgsrefrain der Kanzlerin.

Das Kapitel »Eurorettung« zeigt die EU unter deutscher Führung in der Rolle eines Kolonialherrn, der die Chance nutzt, aus Freunden Sklaven zu machen. Die überschuldeten Volkswirtschaften Südeuropas hatten keine Möglichkeit, den Konditionen der »Retter« zu entkommen. Zugleich blockierten die Spardiktate die Rekonvaleszenz der angeschossenen Opfer, die an einem überbewerteten, festgezurrten Euro erkrankt waren. Die »innere Abwertung«, die die Kolonialherren verlangten, beschleunigte den Verfall der Erholungschancen in Business, Bildung und staatlicher Leistungsfähigkeit.

Das EU-Programm zur Rettung des Euro zeigt eine Radikalisierung der Brüsseler Politik, die bereits jenseits demokratischer Grundsätze unterwegs ist, wenn es um die »Rettung« des Großprojekts EU geht. Die »Rettungstroika« unter dem Vorsitz der deutschen Regierung zeigte autokratische Manieren, wie sie zu Eroberern, nicht aber zu Bündnispartnern passen, die durch das Bekenntnis zur Demokratie verbunden sind.

Die autokratische
Versuchung mehrheitsfähig
machen

Die Immunstörung der Demokratie ist die Stunde der Dilettanten. Auch Merkel begann als Dilettantin; sie berichtet selbst, dass sie sich zuvor nie für Politik interessiert habe.

Auch Donald Trump stürmt als Dilettant auf die politische Weltbühne. Ob beide sich den publizierten Rollendiktaten fügen, die sie als Gegenspieler sehen wollen, wird sich zeigen. Auch die Opponenten gegen das System Merkel sind Dilettanten. Der Gründer der AfD, Bernd Lucke, ebenso wie seine Rivalin Frauke Petry begannen nicht als Politprofis, sondern als Dilettanten. Schon der Auftritt von Angela Merkel setzte das Zeichen: Parteien? Eigentlich verzichtbar. Gesetze? Revidierbare Werte? Nur noch formelhaft nutzbar, Sedativum für verspätete Bürgerherzen. Aber auch die Partei, bei der Merkel karrierehalber andockte, verspätete sich gewaltig mit der Erkenntnis, dass die Dilettantin auf dem Kanzlerthron eine Agenda durchzog, die den Markenkern der CDU zu Staub zerfallen ließ.

Donald Trump fährt die männliche Variante des Crashkurses, den nur Dilettanten so radikal verfolgen wie im fernen Europa die Kollegin Angela Merkel. Der Unterschied ist nur ein stilistischer: Frauen schleichen ins Haus; Männer treten die Tür ein.

Die Unbefangenheit der Dilettanten versetzt Berge, weil sie an die Rituale und Versprechen der Vorgänger auf den Gipfeln der Macht nicht mehr glauben. Nach dem Gipfelsturm gehört der Olymp zunächst ihnen, den Gegenspielern der Eliten von gestern. Die Immunstörung Europas begann mit dem Patienten Euro, der mit Rechtsbrüchen und Gelddruckmaschinen nicht zu heilen ist. Seit die Kanzlerin von »unseren Werten« spricht und den globalen Export »unseres Rechtssystems« öffentlich auf ihre Agenda gesetzt hat, können wir wissen: Auch das *mission statement* zum Demokratieexport, das immer häufiger wiederholt wird, dient der Entkräftung aller alten Bekenntnisse: Die Inflation der Worte überspielt den Verlust an glaubhaften Taten. Werte? Normen? Recht? Ihre Hüterin, die Demokratie? Sie alle sind im Sprachbaukasten der Symbolpolitik angekommen, wo die Arglosigkeit der Bürger bedient wird. Ein Visionär oder ein Narr am Hofe der Avantgardisten in Europa und den USA, in Paris oder Budapest oder Warschau hätte die Kühnheit, zu den *alternative facts* der Herrschenden die andere Hälfte der Wahrheit zu liefern – mit einer Totenklage auf die sterbende Demokratie.

Wo der »starke Staat« zum Versprechen der politischen Führung wird, müssen Demokraten ihre Antwort geben: Stark kann der Staat nur sein, wenn er starke Bürger akzeptiert. Stark; als Verbündeter eines Staates, der Gefährder unserer Freiheit zur Rechenschaft zieht, wird der Souverän, der Bürger, so lange sein, wie auch seine Gegenrede als Stärke geachtet wird.

Die Regeln für Erfolgspolitik verändern sich. Das Auseinanderfallen von Reden und Handeln der politischen Führung wird von den Bürgern langmütig geduldet. Aber die kunstvoll inszenierte Verspätung von Schuldeingeständnissen durch Politiker ermüdet und enttäuscht die kritischen Bürger: Ihre Gegenrede, so lernen sie, wird noch später publiziert werden als die entschleunigten Eingeständnisse der Politiker. Die Entaktualisierung verstörender Ereignisse wie des Terrorakts im Weihnachtsmarkt in Berlin ist dennoch erfolgreich: Wer zornig und alarmiert war, ist nach Wochen der Nebelkerzen nur traurig und mutlos. Braucht der starke Staat entmutigte Bürger?

Die Regeln für erfolgreiche Politik verändern sich tatsächlich, wenn an immer mehr vertrauten Orten kein Stein mehr auf dem anderen bleibt. Der kometenhaft über den deutschen Flüchtlingshimmel surfende Satz der Kanzlerin, Deutschland bleibt Deutschland, mit allem was uns lieb und teuer ist (eine Versuchung für Satiriker), überflog Denk- und Gefühlslandschaften, die Versandung und Versteppung zeigen. Wer in diesen Denk- und Gefühlslandschaften nicht gelebt hat, der hat kein Problem. Die Kanzlerin zum Beispiel. »Deutschland wird sich verändern«, sagte sie zu einem Zeitpunkt, als offenbar nur sie wusste, dass ein Tsunami die Gefühlslandschaften der Deutschen verwüsten würde.

Dass Gefühle die Wahl entscheiden, hat die Kanzlerin inzwischen als unbequeme Wahrheit in ihre Wahlkampfplanung aufgenommen. Der Mehrfachnutzen von Gefühlsmanagement wird ihren Wahlkampfstrategen bekannt sein. Gut, sich damit zu beschäftigen, denn: Auch Autokraten setzen auf die Gefühle und pfeifen auf die Gedanken ihrer Anhänger. Sie wissen, dass jeder Gefühlssturm die Ratio an die Wand drückt. Für die deutsche Kanzlerin ist ein Wahlkampf um die Gefühle der Menschen nicht einfach. Sie weiß nämlich, dass sie für ihren *keep cool*-Habitus gewählt wird; ihre Wähler reagieren im Kühlraum Merkel ihre Gefühlsüberschüsse ab.

Merkel wird gewählt, weil sie keine Bekenntnisse ablegt. Nur im Glaubwürdigkeitsnotstand greift die Kanzlerin zu strategisch ausgefeilten Gefühlswaffen, um ihr Standing zu sichern: So nach der Grenzöffnung und Quasi-Einladung an die Migranten der Welt; so auch mit der sehr riskanten Kondition, »nicht mehr mein Land« sei ein Deutschland, das ihren autokratischen Machtanspruch als Alleinentscheiderin nicht mittrage. So sprechen Autokraten, und so sichern sie ihr Handeln ab.

Merkel ist mit ihrem *Cooling-down*-Naturell ein Sonderfall. Wer unter ihr arbeitet, lernt es, Gefühle an die kurze Kette zu legen – es sei denn, sie passen ins Machtmodell der Chefin. Gefühlsaskese schadet dem Wettbewerb, das gilt auch für die Politik. Seit das Merkel-Jahrzehnt läuft, übernehmen die Medien freudig die Dienstleistungen, die in Politik und Kirche immer weniger karrierehungrige Nachwuchspolitiker wahrnehmen – um ihre Karriere störungsfrei zu halten. Die Bildmedien machen Quote mit Formaten, die eigens als Bühnen für Bekenntnisse entworfen wurden: Die Talkshow ist die Ersatzkirche, hier steht der Beichtstuhl bereit. Die Regie wünscht Gefühlsausbrüche und tollkühne Bekenntnisse. Auch wenn ein blasser Jungpolitiker nur neben dem emotionsstarken King des Talks sitzt, auch wenn der karrierebewusste Jüngling nur Repliken auf die frechen Bonmots der anderen Gäste liefert: Er macht seine persönliche Quote. Die allabendlich offenen Kathedralen der spätdemokratischen Gesellschaft sind die Fernsehstudios. Die zuverlässigen Multiplikatoren im Online-Milieu spielen schon erregt an ihren iPhones, während das säkulare Hochamt noch läuft.

So arbeiten verschiedene Szenarien scheinbar ohne Abstimmung mit der politischen Führung einander zu. Autokratische Entwicklungen in Europa sind fast allabendlich Thema der TV-Talks. Was man so oft und so erregt diskutiert, so glauben die Mitspieler, kann nicht hier, wo wir diskutierend kontrollieren, die Oberhand gewinnen. Die Talk-Community mit ihren Redaktionen und die zirkulierende Gästeschar entdämonisieren aber auch, was Ängste auslöst; sie entschärfen Kontroversen in einem Klima der intellektuellen Selbstgefälligkeit von Talkprofis. Sie fördern damit zweierlei: den Informationsstand der Zuschauer und die Gewöhnung an das Spektakuläre, die Softdusche auf Feindbilder, denen wir uns entgegenstellen würden, wenn wir nicht so irrsinnig viel verstanden hätten. Wenn es nicht um Gegner, sondern um Feinde geht, wird im intellektuellen Entwarnungskonsens vieler Talks die Witterung für Angreifer geschwächt, denen wir auf jeden Fall unterlegen wären, wenn sie zu uns kämen. Unter der Softdusche beim routinierten Profitalk über gefährliche Aggressoren versagt unsere Witterung für unsere Selbstrettung: Die *fight-or-flight*-Entscheidung wird wegtrainiert. »Fliehen oder kämpfen«, so wird plötzlich klar, ist für immer mehr Willkommensfans in Deutschland überhaupt keine Alternative mehr: Beides kommt nicht infrage, so entscheiden sie. Auch die brutalere Variante der evolutionswissenschaftlich verifizierten Formel *fight or flight*, das humorvolle »have lunch or be lunch« sei bei Bedrohung die Alternative, taugt als Weckruf nicht mehr.

Ist es die »alternativlose« Merkel-Regentschaft, die uns auch realiter die Alternativen geraubt hat? Dass wir das Denken in Optionen, in Handlungsmöglichkeiten aufgegeben haben, zeigen auch die alltäglichen Diskurse über personalpolitische Alternativen. »Es gibt ja keine Alternative«, so lautete der Standardsatz zum Wahljahr, ehe der Hundert-Prozent-Schulz auf die Bühne stürmte. Training ist alles, auch bei Denkgewohnheiten. Wer allein regieren will, muss nur häufig genug sagen: Es gibt keine Alternative. Merkel beschrieb auch schon vor Jahren den Kompromiss, den die Wähler einstweilen noch machen müssten, mit der Wegbeschreibung zu ihr: »Wenn Sie mich als Kanzlerin wollen, dann müssen Sie CDU wählen.« So war das bisher. Was die Wähler bekamen, war aber ein Themenmix, den sie unter dem CDU-Label eigentlich nicht wählen wollten. So schwindet die Macht des Souveräns.

Im Schlagschatten der Rechtsbrüche – Europa kann sich klassische Wertetraditionen nicht mehr leisten

Radikalisierung der Moral ist die Begleitmelodie von Moralverlusten.

Während die Rechtsbrüche durch die politische Führung sich häufen, werden die Rechtsnormen als Heile-Welt-Package zum Export in Autokratenländer angeboten.

Wir brauchen sie nicht mehr.

Von der Radikalisierung der Tugend zur Radikalisierung der Politik

Wo der Terror nach der Weltherrschaft greift, da rüstet auch die Tugend auf. Ein neues Politikdesign liefert neue *mindsets*, die den konventionellen Nationalismus überwinden.

Das immaterielle Schwert der Friedfertigen durchschlägt Grenzen im Namen des Guten. Das »Heilige Jahr der Barmherzigkeit« kam wie gerufen, um die grenzenlose Großzügigkeit von Great Germany zu bestätigen. Tugend kennt keine Obergrenze, so das Motto der neuen Variante von *leadership in humanities*, die von der deutschen Regierung besetzt wurde.

Wer sich Obergrenzen beim Weltklima zutraut, könnte doch beim weltweiten Fluchtgeschehen zu derselben Frage kommen: Was können wir uns zutrauen?

Oder ist die Entschlossenheit zum Guten tatsächlich eine Art Immuntherapie, die alle bekannten Leistungsgrenzen außer Kraft setzt? Rechnet das neue Politikdesign im Namen einer überlegenen Humanitas ebenfalls einfach mit »erneuerbaren Energien«?

Beim Zustimmungsmarketing für die neue Internationalisierung des Bewusstseins geht es um die Bewirtschaftung von Gefühlen und Gedanken. Das Motto ist so mächtig wie die politische Führung, die es ausgibt. Wer fragt, hat schon verloren. Aber wir wissen doch eigentlich, was schon die Denker der Antike wussten: Auch die Tüchtigkeiten der Kühnsten im Wettlauf der Tugenden sind dem Maß unterworfen, das die wechselseitige Kontrolle der ethischen Gipfelstürmer liefert. Die »heidnische« Antike hat die Erfahrungen der Menschen mit ihren Entgleisungen unversehrt ins christliche Abendland eingespielt. Auch die Tugendmaske schützt niemanden vor der Kernforderung aller Tugenden: Biete nicht mehr als du hast.

Aber die Gesinnungskonkurrenz im Namen des Guten läuft ja schon eine Weile. Die Professionalisierung des Gutseins war bereits eine Erfolgsstory, ehe die größte Chance zur ethischen Überlegenheit anrollte: der globale Terror und die weltweite Fluchtbewegung. Verspätet kam dieses Wissen in den europäischen Köpfen an. Die professionelle Jagd auf Topmanager und Regelbrecher jeder Couleur – außer der Politik – war in diesem neuen Licht nur ein Präludium.

Das Motto aber war klar: Radikal sind immer die anderen. »Radikalisierung« war als *branding* an Randgruppen und Terrorlehrlinge vergeben. Also konnte die Radikalisierung der politischen Konzepte inklusive Freigabe der Rechtsnormen im Schatten dieser Bedrohung unverdächtig starten. Für Deutschland ergab sich aus dem steilen Anspruch, den die politische Führung ausgab, ein neues Alleinstellungsmerkmal in *humanities*, dem die Wettbewerber um Spitzenplätze in Europa und der Welt weder folgen wollten noch konnten. Radikal sind immer die anderen: Die Regelbrecher der Macht stellen sich selbst von Sanktionen frei. Das Rezept ist einfach: Jede Norm darf fallen für den Sieg des Guten.

Der Kampf gegen die radikalen Feinde unserer Werteordnung verlangt also eine Radikalisierung der Politik. Im Namen des Guten lässt sich auch jede *hidden agenda* durchsetzen. Exzessive Eingriffe in die Souveränität von Nationalstaaten lassen sich rechtfertigen unter dem Motto der weltumspannenden Gastfreundschaft.

Die radikal humane Politik erschließt sich neue Handlungsräume, wie wir sie bisher bei Parallelgesellschaften beobachten. Politik als Parallelgesellschaft? Jedenfalls stehen den Landgewinnen, die mit neuem Politikdesign gemacht werden, Terrainverluste gegenüber, die tief in unseren gern beschworenen Wertebesitz eingreifen.

Die neue *humanitäre Superpower* Germany als Megahafen für Schutzsuchende eröffnet ein neues Kapitel in der Weltpolitik. Eine Grenzöffnung provoziert die nächste; Kontakttabus fallen, aus Verlierern von gestern werden Sieger von morgen, und die Wertekönige des Westens stehen mit leeren Händen vor den Gegnern ihrer im Namen des Guten soeben entkernten Hochburg der Freiheit und Marktwirtschaft. Das radikale Gute, so lernen wir, wieder einmal verspätet, hat seinen Preis. Denn, was wir eigentlich wussten: Die Macht ist stärker als das Gute. Das Streben nach Macht hat sich *undercover*, in der Maske der Tugend, wieder einmal behauptet. Der Einmarsch der Ohnmächtigen war die unwiderstehliche Tragödie, die zur Selbstüberschätzung einlud – und zum Machtgewinn: Nicht erobern, sondern erobern lassen, so die deutsche Variante eines passiven Imperialismus.

Imperialismus mit lächelndem Antlitz war das verführerische Stück, in dem die deutsche Kanzlerin Regie führte. Der Machtgewinn in diesem noch schwebenden Prozess ist beträchtlich: Jetzt ist die Kanzlerin stärker als ihr Amtseid. Keine Nation weltweit kann das Logo *Humanitäre Superpower* führen außer *splendid Germany*. Die Kosten, so der Entwurf für das deutsche Territorium, sollen alle, auch die Statisten, solidarisch miteinander teilen.

International wird der Preis höher. Im riskanten Schulterschluss mit Staatschefs, die nicht an das scharfe Schwert der Friedfertigen glauben, dürfen die Abonnenten des radikalen Guten mit Überraschungen rechnen.[11]

ÜBERWINDUNG DER
DEMOKRATIE: EIN PROJEKT
FÜR WERTEVERLUSTE

Zur Immunstörung der Demokratie gehört die Radikalisierung der Debatten um Moral und Tugenden. Je schmerzhafter die Verlustgefühle werden, desto steiler werden die Ansprüche an Manager und Politiker, an Behördenchefs und Vorgesetzte am Arbeitsplatz, moralisch sensibler, wahrhaftiger und glaubwürdiger zu agieren.

Deutschlands Demokratiegeschichte kennt Grundwerte-Debatten, die ohne den Zorn und die Leidenschaft abliefen, die wir heute erleben, wenn es um den Wertehaushalt der politischen Führung und ihrer Vertragspartner in der Welt geht. Es gab Jahrzehnte unserer demokratischen Nachkriegsgeschichte, in denen *value change*, Wertewandel, als Flankenschutz von Innovationsprozessen diskutiert wurde, ganz entspannt.

Den vollzogenen Wertewandel in der Ära Merkel beschreibt bisher niemand leidenschaftslos entspannt. Auch der Charme der soften Vokabel »Wertewandel« scheint zum Debattenklima nicht zu passen. Verluste zu managen ist schon in harmloseren Regionen unseres Denkens und Fühlens schwierig. Wenn es um den Wertekanon geht, wird es ernst. Ratio und Emotionen melden sich zu Wort mit dem Verdacht, dass Verluste im Wertebestand einer Gesellschaft nicht einfach revidierbar seien. Mit dem Verdacht auf Unheilbarkeit von Schäden im Grundwertekatalog schwimmt die Frage nach der Vermeidbarkeit von Werteverlusten in die Köpfe der besorgten Bürger. Auch an den Wertevereinbarungen vorbei zu handeln, so ahnen sie, beschädigt diese, weil der Eindruck entsteht, es gehe auch ganz gut ohne sie. Der Wertekanon einer Kultur ist ja nicht Dekret oder Verordnung oder Kommando einer autoritären Führung. Er ist Ergebnis von Vereinbarungen, an die sich alle halten, weil alle von dieser Übereinkunft profitieren. Im Schutz der vereinbarten Regeln entsteht Sicherheit. Vertrauen ist nur in einem verlässlichen Gefüge von Regeln möglich. Weil es aber unentbehrlich für unseren Alltag ist, können wir ohne gemeinsame Regeln nicht leben, ohne uns zu ängstigen. Angst bannen, Verlässlichkeit der Absprachen sichern, Schutz geben und Schutz erfahren – so fängt der Wertekanon bei den Grundwerten an. Gerät da etwas in Bewegung, so fasst uns große Unruhe, unser Selbstvertrauen bricht zusammen, und wir werden schwierige Partner füreinander.

Deutschland hat politische Partner, die unsere Übereinkünfte zu den Grundlagen wechselseitiger Berechenbarkeit nicht teilen. Wo das Recht des Stärkeren gilt, liegt Unberechenbarkeit im Interesse des Machthabers. Die Übereinkünfte mit Autokraten, die unsere Wertebasis nicht teilen, können schwerlich als zuverlässiger gelten als die Unterschrift des Machthabers unter diesen Dokumenten. Damit solche Vereinbarungen trotzdem als »funktionierend« gelten können, muss der Verhandlungspartner aus der wertebasierten Demokratie sozusagen eine Auszeit von unseren Werten nehmen, um zu unterschreiben, was ihm niemand garantiert. Solche Augenblicke werden in der Merkel-Ära beinahe alltäglich. An den eigenen Werten vorbei ein Zweckbündnis schließen, ohne dessen Einhaltung einfordern zu können, ist auch mit humanitären Zielen nicht aus der Problemzone herauszuholen: Wertefrei ist keine verlässliche Abmachung möglich.

Unser Wertebesitz ist einem Stresstest ausgesetzt, weil wir global erfolgreich sein wollen. Die wertebasierte Demokratie ist vor diesem Stresstest nicht in Sicherheit zu bringen, weil sie ein Regelsystem im Netzwerk unserer Werte ist, die Zusagen und Forderungen an unsere Verlässlichkeit absichern.

Auch das Freiheitsversprechen der Demokratie ruht auf dem Wertebestand, den wir in unserem Grundgesetz einander garantieren.

Werte bei Bedarf mal aussetzen, umschichten oder durch neue Ideen ersetzen, ist nicht ohne großen Schaden an ihrem Zusammenspiel mit anderen Garantien für unser Wohlergehen möglich, die eng an den Wertebestand gebunden sind: Normen und Gesetze sind der Begleitschutz der Werte, weil sie von ihnen abgeleitet sind. Wie eine schützende Phalanx sorgen die Gesetze für die Unversehrtheit des Wertebestands, der unserem Denken und Handeln beides liefert: Freiheit und Grenzen.

Der Kanon der Gesetze steht eben nicht als Monolith eigener Ordnung im Raum, sondern seine Entstehungsgeschichte leitet sich Schritt für Schritt aus den Bedürfnissen her, die unser Wertesystem geprägt haben. Der Kern dieses Wertesets besteht aus elementaren Bedürfnissen, die uns als verletzliche Wesen mit sehr einfachen Grundbedürfnissen zeigen: satt werden, Ruhe finden, Angst ausschalten. Erst wenn das gelingt, setzt die Differenzierung der Bedürfnisse ein; die Werteskala wächst nach oben und in die Breite. Abenteuerlust und Sehnsucht nach Geborgenheit erscheinen als Luxus, wenn die Basis nicht gesichert ist. Was die meisten Menschen nicht bedenken: Werte entstehen aus dem Nein, nicht aus dem Ja. Was wir abwehren, entmachten, ausschalten wollen, das wissen wir viel genauer, als was wir wollen.

Die Wertewelt der Menschen kommt also nicht aus dem hellen Licht, das die Vokabel »Werte« umleuchtet, sondern Werte kommen aus der Dunkelheit, wo Angst herrscht, wo Feinde vermutet werden, wo wir hungern und frieren. Wo niemand uns schützt und wir deshalb niemanden schützen. Wo keiner uns umarmt und wir keinen umarmen, weil wir nicht wissen, ob er Freund oder Feind ist. Zu den frühesten Spielregeln von Kultur gehören die Wahrzeichen, mit denen wir einander zeigen: ich gehöre dazu, und die anderen uns zeigen: ich auch. Erst dann legen wir uns beruhigt schlafen, weil zwei, drei weitere Absprachen gelten, die keiner bricht, weil jeder nicht ohne sie leben kann. Dass wir gemeinsam unseren Lebensraum schützen. Dass wir uns darum kümmern, satt zu werden. Dass wir unser

Terrain durch Grenzen markieren, die jeden Fremden zwingen zu sagen, wer er ist, woher und warum er zu uns kommt und ob er unsere Regeln anerkennt auch für sich, solange er bei uns ist.

Die Gesetze einer Kultur spiegeln das Nein wider, das im Wertebesitz der Kultur seine positive Antwort fand. Sanktionen spiegeln immer das Wertesystem wider, sie sind ein Schutzversprechen für die einen, eine klare Drohung für die andern.

Weit weggedriftet von diesen elementaren Anfängen, begreifen wir unsere Zivilisationserfolge besser, weil sie ohne entschiedenes Festhalten an geerbten Wertestandards gar nicht möglich geworden wären. Wenn das Ja zu Werten aus dem Nein zu einer »wertefreien« Lebensform kommt, dann nimmt sich die Nonchalance, mit der heute die vorübergehende Abschaltung von Werten zugunsten eines autokratischen Nachbarn praktiziert wird, wie ein Verrat an den eigenen Werten aus. Auch Werte sind verwundbar. Auch sie behalten Narben zurück, wenn sie regelmäßig den »Interessen« einer Kultur geopfert werden. Wenn unsere Interessen in der Welt den Verrat an unseren Werten zur *conditio sine qua non* machen, dann ist etwas grundsätzlich aus der Balance geraten.

Mit dieser Wahrnehmung hat die Radikalisierung unserer Moraldebatten zu tun. Wir versuchen, durch hypermoralische Forderungen an Entscheidungsträger außerhalb der Politik die planvolle Ausblendung unseres Wertesystems zu rechtfertigen – so als könnten Plädoyers für moralische Höhenflüge im Reden die Attacke von Toppolitikern auf das eigene Wertesystem ungeschehen machen.

»Wertefreie« Deals mit Autokraten führen unweigerlich zur Verharmlosung der antidemokratischen Übergriffe bei den Vertragspartnern. Die Türkei unter Erdoğan gibt ein Beispiel. Die Immunlage der eigenen Bevölkerung wird tangiert, wenn die deutsche Regierung beharrlich »Interessen« am Deal gegen demokratische Werte ausspielt.

Ein Gefühl von Komplizenschaft entsteht, eine konspirative Note bestimmt bald auch das Denken und Handeln in dieser

Partnerschaft. Die »Interessen« der Verfolgten, Gefolterten und Gefangenen bleiben bei diesem zynischen Konsens auf der Strecke. Und die eigenen Werte schweigen. Sonst wäre ein Satz wie jener im Frühjahr 2017 von der deutschen Kanzlerin an Erdoğan gerichtete nur als Verrat an den eigenen Werten zu beurteilen: Sie habe, so der Sprecher der Kanzlerin, den türkischen Staatschef gebeten, »die Pressefreiheit zu wahren«. Genau diese war aber bereits abgeschafft. Die Kanzlerin und ganz Deutschland wusste es.

Auch in Deutschland leben seit einigen Jahren Journalisten im »Untergrund«, weil Beschäftigungsverbote gelten, die von den Vollstreckern der *hidden agenda* des Kanzleramtes verhängt und überwacht werden. Was früher der »Untergrund« bot, das leistet heute die Online-Welt. Die virtuelle Community einer Elite, die sich den Denkverboten nicht fügen will, findet ihr Exil im Netz. Die Online-Community, das sind eben nicht nur die bösen Buben, die *Loser*, die keiner mag, weil sie alle Spielregeln knacken. Online ist auch ein virtuelles Fluchtmilieu entstanden, das potenzielle Sieger besiedeln, die der politischen »Elite« nicht gefallen. Die virtuelle Community ist ein intellektueller Treff vom Feinsten, das Exil der scharfsinnigen Analytiker. Sie müssen nicht mehr Schiffspassagen buchen wie ihre Vorgänger im 20. Jahrhundert; Emigration läuft heute virtuell. Online diskutiert die emigrierte Elite über die Chancen der demokratisch erzogenen Bürger in Zeiten der autoritären Versuchung. Online stellt die vertriebene Elite der amtierenden Herrschaftselite die Diagnose: Entgleisungsgefahr wegen Selbstüberschätzung. Die Tyrannei der guten Absichten wird uns nicht zu Siegern machen. Die ins Online-Ghetto verschickte Elite wartet auf ihre Stunde.

Auch Politik ist Gefühlsmanagement. Die Streitmacht der Gefühle zu unterschätzen, kostet die Macht.

Die Gefühle sind in Wahrheit eine gewaltige Streitmacht, die jeder Mächtige seinen eigenen Truppen hinzufügen möchte.

Gefühle zu bändigen, gelingt nicht dauerhaft durch ein Klima der Angst.

Wer die Gefühle der Menschen gewinnen will, muss einiges über diese geheimnisvolle Horde von Raubtieren in unserem Steinzeitgehirn wissen.

WO GEFÜHLSARM REGIERT WIRD, GEHEN DIE GEFÜHLE AUF DIE STRASSE

Wer die Macht der Gefühle unterschätzt, kann schnell die Macht verlieren. Die Gefühle der anderen gewinnen und an sich binden ist das eine; die eigenen Gefühle zum Bündnis mit dem eigenen Verstand zu zwingen, ist das andere. Wer seine eigenen Gefühle nicht beherrscht, wird die Gefühle der andern nicht dominieren können.

Die Kultur, in der wir leben, trainiert unsere Intelligenz. Der Intelligenzquotient, IQ, soll einen geistigen Check-up liefern. Ein EQ, der Quotient für emotionale Stärke, ist unbekannt. Während die westlichen Staaten, die sich »offene Gesellschaften« nennen, von Gefühlswogen aus den Rändern des demokratischen Systems überschwemmt werden, bleibt die Debatte über das Leck in unserer Selbstschau aus: Wir diskriminieren starke Gefühle, und wo sie aus dem Ruder laufen, konstatieren wir den Beweis: Emotionen seien Störfeuer, die zum Flächenbrand werden, wenn man sie zivilisieren will.

Andererseits weiß jeder Wählkämpfer, dass er die Gefühle der Menschen gewinnen muss, um gewählt zu werden. Die Political Correctness lässt aber Bekenntnisse nicht zu, die emotionale Stärke als Siegertugend im politischen Wettbewerb ins Spiel bringen würden.

Der SPD-Kandidat Martin Schulz arbeitet erfolgreich mit diesem Wissen: Gefühle zuerst; der Verstand wird etwas später bedient und hat nun leichtes Spiel, weil das emotionale Klima die nachrückende Vernunft begünstigt. So gewinnt ein Wahlkämpfer Anhänger. Und die Ratio-Lobby rätselt, warum der Kandidat erfolgreich ist. Mehr noch: Sie stellt fest, dass dieser Erfolg nicht akzeptiert werden kann, weil man ihn nicht versteht. Schulz holt sich die Gefühle der Menschen genau deshalb – weil er nicht verstanden, sondern nur gemocht sein will. Er bietet Verstehen an, aber in umgekehrter Richtung.

Die innerdeutschen Flüchtlinge an den Rändern der Republik sind nicht primär »Andersdenkende«, sie sind zuallererst »Andersfühlende« gegenüber der politischen Führung. Sie wandern aus dem bleiernen Konsens aus, weil auch sie nicht gelernt haben, ihre Gefühle zu verstehen. Niemand leitet in den Schulen die Kinder und Jugendlichen an, mit ihren eigenen Gefühlen so umzugehen, wie die Schule mit ihrem Verstand umgeht: sie als ein Potenzial zu verstehen, das Lernerfolge steigert und soziale Bindungsfähigkeit erst möglich macht.

Die psychische Erkrankung von Kindern, denen Gefühlserfahrungen fehlen, weil ihre Eltern multifunktional unterwegs sind und genau dieses Kapital in sich selbst wegschließen, um nicht zu leiden, diese »Deprivation«, der Raub an Gefühlspotenzial, ist der Wissenschaft wohlbekannt, ideologisch aber tabuisiert. Die Fremdbetreuung von Kleinkindern, ursprünglich ein Projekt totalitärer Staaten, wird unter den Errungenschaften der jüngsten Koalitionsperiode in Deutschland als Meisterleistung aufgeführt.

Die emotionale Verlustmeldung kleiner Kinder, die eine feste Gefühlsbindung deshalb nirgendwo aufbauen können, sind die allmorgendlichen Tränen bei der Ablieferung in der Kindertagesstätte. Bald versiegt auch diese Botschaft, weil das Kind seine Machtlosigkeit erkennt.

Die Gefühle der anderen als Gefahr für die eigene Machtposition einzuschätzen, lernt jeder Karrierist in unserer Gesellschaft früh. Kaum einer zieht die richtige Folgerung: Die Gefühle der anderen gewinnen, heißt, ihrem Verstand eine weiche Landung im emotional vorgeprüften Gelände zu ermöglichen.

Emotionale Power ist es, die intelligente Lebensleistungen erst mit jenem Glanz überzieht, den wir Charisma nennen, im Griechischen »eine Gabe der Götter«. In der Tat haben die Philosophen der griechischen Antike bereits das, was Platon »den

Kampf in unseren Eingeweiden« nannte, als zentrales Thema für eine Lehre vom erfüllten Leben begriffen. Die Hirnforscher unserer Tage arbeiten fasziniert an derselben Front, die die moderne Gesellschaft zwischen Ratio und Emotionen in Stellung gebracht hat: Die begünstigte Ratio sagt den vagabundierenden Gefühlen den Kampf an.

Schon Aristoteles wusste aber, dass die Gefühle, wenn man sie zu Gegenspielern der Ratio macht, einem Rudel von Raubtieren gleichen, die jederzeit die Vernunft entmachten können. Nur wer wie Platon die »Weisen« an der Spitze des Staates sieht, hat eine Lösung: Sie sind es, die die vagabundierenden Leidenschaften der Bürger besänftigen sollen.

Wer die »Staatskunst« im postdemokratischen Zeitalter beherrschen will, wird mit dem Simulieren von Gefühlen, die er oder sie nicht hat, nicht auskommen. Auch Delegieren reicht nicht. Das Rudel von Raubtieren in unserem Gehirn ist so global wie die Konflikte, mit denen die Politik unserer Tage ringt. Was wir pauschal die Terrorgefahr nennen, ist ein fatales Gemisch von ziellosen Leidenschaften, Verliererwut und Gier. Der perpetuierte Amoklauf, der die Terrorbanden antreibt, ist Steinzeitpotenzial aus unserem Stammhirn. Dass sich hier überwiegend Männer sammeln, beruht auf der männlichen Durchschaltung der jüngsten Schichten, die Ratio-dominiert und werteorientiert arbeiten, auf die älteste Substanz, wo der Einspruch der Vernunft und die Empathie aus dem Mittelhirn ihre Bremswirkung nicht liefern können.

Die Grundausstattung der Menschen mit einem Set aus Kernemotionen ist global in allen Kulturen dieselbe: die vier Kernemotionen sind das Überlebenspaket der Evolution, das den *homo sapiens* zum Sieger über die Stärkeren im Überlebenswettbewerb der Kreaturen gemacht hat. Erst die Industriekultur und ihre Wohlstandserfolge ließen dieses *Brainpackage* aus basalen Tüchtigkeiten in Vergessenheit geraten.

Auch deshalb ist die politische Führung heute relativ hilflos gegenüber den archaischen Sprengladungen vagabundierender

Emotionen, die mit den wandernden Kohorten ferner Kulturen zu uns kommen.

Das Überlebenspaket mit den vier Kernemotionen liefert neben den Eruptionen ungebändigter Gefühle auch das rettende Maß, das uns füreinander berechenbar und für die Feinde unserer Zivilisation als nicht erpressbar erscheinen lässt.

Die internationale Schlüsselstellung der Kernemotionen beruht auf ihrer »metasprachlichen« Power: Weltweit kann jeder Mensch im Gesicht eines anderen Menschen erkennen, ob der andere ein Friedenspartner oder Feind ist, ob er glücklich ist oder trauert, ob er zornig ist oder Angst hat.

Die Kernemotionen Zorn und Angst, Glück und Trauer liefern einen Signalschauer, der uns weltweit kommunikationsfähig hält, wenn wir aufmerksam genug sind. Die Kernemotionen liefern Handlungsimpulse. Wer in Gesichtern und Gesten zu lesen anfängt, der entdeckt auch im Arbeitsalltag plötzlich alle mit Tabu belegten Gefühlswogen, die den trägen Strom der Alltagsgeschäfte zu einem turbulenten Wettbewerb der verschlüsselten Botschaften machen. Wer die eigenen Emotionen nicht mehr unter Verschluss hält, erlebt den Genuss eines kultivierten Zornesausbruchs, mit dem er oder sie den Partnern eines öden Meetings die erste ermunternde Botschaft des Tages liefert. Wer also weiß, was der Wutausbruch eines Gesprächspartners bedeutet, ist fit für die passende Replik: Zorn, so weiß der Kenner der Kernemotionen, schickt einen Blutstrom in unsere Hände, immer noch, obwohl wir keine Waffe tragen. Unsere Hände, die vorher schlapp auf dem Tisch lagen, helfen jetzt beim gestenreichen Plädoyer gegen oder für den Zornigen.

Wer Gesichter zu lesen lernt, der erkennt auch Angst – die eigentlich schon jedes Kind erkennt, das von erwachsenen dressierten Gesichtsträgern umgeben ist. Die Angst vor Niederlagen, die Furcht vor Gegnern, denen wir uns unterlegen fühlen, die Angst vor einer Anforderung, die wir nicht erfüllen können: Alle diese beklemmenden Anlässe machen uns die Entscheidung leicht, die jetzt fällig ist – wenn wir begonnen haben, Angst und

Furcht als Ratgeber, nicht als zu killende, verbotene Gefühlsstürme anzuerkennen. Wir wissen, dass jetzt Hormone ausgeschüttet werden, die uns flucht- oder kampffähig machen; die großen Muskeln unserer Beine sind bereits mit einem zusätzlichen Blutstrom versorgt durch das starke Gefühl, das wir zulassen. Fliehen oder kämpfen? So aktiviert, fällen wir die richtige Entscheidung. Wir können den Ort der Angst verlassen; wir können aber auch den Powerschub, den die eingestandene Angst uns liefert, für eine flammende Entschlossenheit nutzen, den Kampf zu bestehen, dem wir uns eben noch nicht gewachsen fühlten.

Die Kernemotion Glück löst starke Handlungsimpulse aus – und liefert das Selbstvertrauen gleich mit: Heute glücklich, trauen wir uns für morgen ein Grundwissen über die Spielregeln des Glücks zu. Und tatsächlich blockiert Glück alle negativen Einsprüche von Skeptikern, auch unsere eigenen. Wir sammeln Glückserfahrungen und wissen beim nächsten Mal, strategisch mit der Glückschance umzugehen.

Alle drei gezeigten Kernemotionen machen uns schneller, sie schenken uns eine Dynamik, die unser Selbstvertrauen steigert. Die Trauer macht uns langsamer. Sie verlangt Zeit, die wir nicht haben. Trauer senkt den Blutdruck, reduziert die Durchblutung und verlangsamt den Stoffwechsel. Trauer reduziert die Immunabwehr. Trauer wird in unserer Kultur als Verlierergefühl behandelt. Die Würde trauernder Menschen kommt in den Fitnesskonzepten der Wohlstandsgesellschaft nicht vor. »Staatstrauer« ist delegierte Trauerpflicht nach Regeln. Fahnen auf Halbmast sind das Hoheitszeichen für institutionalisierte Trauer.

Die Trauerblockade greift, wenn die Führungscommunity sich einer Mitschuld am Traueranlass bewusst ist.[12] Nur flüchtig am Tatort gesehen werden, mit einer mageren Rose in den klammen Fingern: Es ist die Flucht vor gefühlten Zwischenrufen, vor brennenden Fragen aus dem unberechenbar gefühlsgeladenen Publikum, auch eine Flucht vor den Opfern, die unsichtbar bleiben, der wir erschrocken zusehen. Aber die

Sprechverbote, zu Denkverboten kristallisiert in den Bürger-
köpfen, blockieren auch den Bürgerzorn, den Bürgermut vor
Regierungsthronen. Das Fühlen wandert aus. Es verwildert in
Demonstrationen der irritierten Flüchtlinge im eigenen Land,
die ihre eigene Gefühlskompetenz nie kennengelernt haben.

Machtmanagement ist Gefühlsmanagement

Wer die Gefühle beherrscht, dem gehorchen die Menschen. Der Machtmanager braucht die Gefühle der anderen. Seine eigenen führt er an der kurzen Kette. Er simuliert Gefühlspower, um Menschen zu gewinnen. Er ist dem gedankenstarken Wettbewerber überlegen, weil er die Gedanken der Menschen ausschaltet, um ihren Gefühlen die Alleinherrschaft zu sichern. Wer die Gefühle der umworbenen Wähler gegen sich hat, ist vom Machtverlust bedroht.

Die deutsche Kanzlerin setzt auf die Gefühle der anderen, die ihre Wähler bleiben oder werden sollen. Eigene Gefühle hat sie strategisch simuliert, um riskante Großangriffe auf deutsches und EU-Recht, also auf die Demokratie, vor der Ratio der klugen Bürger zu schützen. Kopf und Herz auseinandertreiben, das war die Machtoption bei allen Alleingängen der leisen Autokratin in der Kanzlermaske für Deutschland. Die emotionale Überraschung einer gefühlsstrotzenden Kanzlerin wurde als Entlastungsangebot an alle Verantwortlichen dankbar angenommen. So gelang der quasi Staatsstreich zur Verstaatlichung der Energiewirtschaft, und so glückte die Entgrenzung Europas, getarnt als Herzensangelegenheit einer Kanzlerin mit »freundlichem Gesicht« – so als sei das Schreddern von Hoheitszeichen demokratischer Länder ein Privileg von Herrschertalenten im Gefühlsüberschwang.

Weil das alles im Nebel der emotionalen Mitfühlenden so fabelhaft lief, konnte ein rauschendes Fest daraus werden: Deutschland ruft, und die Völker brechen auf; Deutschland hat die Welt zu Gast, herzlich willkommen! Die Gefühle der Willkommensnation wurden zum Megafestival mit Hunderttausenden papier- und namenlosen Boten entfernter Kulturen aufgeladen mit Selbstgewissheit, Fernstenliebe, Übermut und Helferglück, ein emotionaler *Overload*, der für Tage und Wochen die Gedanken auf die Verliererstraße schickte. Fühlen erwünscht, Denken verboten! Fühlen wird belohnt, Denken gehört auf die Anklagebank, so die politisch gelenkte Grundstimmung auf den Willkommensmeilen. Ein Fest, das niemals enden soll, so beschrieben die gefühlstrunkenen Willkommenshelfer ihren größten Wunsch.

Und der Export der dramatisierten Verharmlosung des riskantesten aller Merkel-Coups gelang auf Anhieb. Alle Nationen, die ihren Anteil an Flüchtlingen umgelenkt sahen ins deutsche Schlaraffenland der gedankenlosen Willkommensshows, sparten nicht mit Beifall für die Königin der Rechtsverletzer in Europa. Kostbare Zeit verging, bis die deutsche Verabredung zum Massenrausch in Gefühlen von Nachbarnationen wie Österreich geknackt wurde: Dort fing man an, zu denken und Konsequenzen zu fordern.

Wo die Ratio schläft, werden die Gefühle zu Ungeheuern, die unsere kostbarsten Güter rauben, ohne dass die Berauschten es erkennen. So beschreiben schon die Denker der Antike das Unheil, das uns droht, wenn wir die Gedanken an die Kette legen, um »Gefühle pur« von der Leine zu lassen. Diktatoren wuchern mit diesem Wissen. Autokraten nutzen es, wenn sie große Menschenansammlungen mit wenigen stark vereinfachten Botschaften zu Knechten ihres Machtanspruchs machen: »Wollt ihr den starken Staat?« ist so eine Botschaft, die auch in Deutschland bereits gehorsame Jasager findet. Das Ja wird vom Machthaber selbst begründet und damit alternativlos gestellt: Ihr braucht den starken Staat gegen den Terror, der uns bedroht. Wer wird da ein Ja verweigern? Um den Terror zu besiegen, müssen wir alle Opfer bringen, so die nächste Botschaft, an einem anderen Tag geliefert. Wir müssen Freiheitsrechte abliefern, damit der Kampf gegen den Terror gewonnen werden kann. So erreicht der Autokrat auf dem Weg zur Diktatorenrolle, dass ihm die Bürger selbst jene Übergriffe genehmigen, die mitten in ihre kostbarsten Persönlichkeitsrechte einschlagen, die ihnen eigentlich von der Verfassung garantiert sind.

Auch in Deutschland läuft der Prozess der Preisgabe von Bürgerrechten über emotional getönte Appelle. Bei uns braucht es dafür keine Herrschaftsinstrumente wie den Ausnahmezustand. Wir gehorchen gern.

Überall, wo es viel zu verbergen gibt, ist Gefühlsmanagement die wirksamste Waffe, um scheinbaren Konsens zu organisieren. Die Kanzlerin praktiziert eine Auskunftsaskese, die innerhalb von mehr als zehn Jahren zu gewaltigen Rückstellungen im Haushalt der Bürgervermutungen und der öffentlichen Berichterstattung geführt haben. Wo Wissen fehlt, bieten sich Gefühle an. So lebt die deutsche Gesellschaft seit einem Jahrzehnt mit verdrängten Gedanken und gelenkten Gefühlen. Der regierungsamtlich angeordnete Gefühlssturm »Willkommenskultur« überflutete mit Tsunamigewalt das Land, weil das Motto »Fühlen schlägt Denken« die tabugeladene Konsenskultur zur wilden Party umpolte. Viele willkommenstrunkene Helfer klagten nach dem Verstummen des Gefühlsorkans über eine bleierne Trauer, wie sie Süchtige beim Entzug erleben.

Das Machtmanagement sah sich nach dem Erstarken der Ratio in den Nachbarländern vielen Einsprüchen ausgesetzt. Auch die Drohung der Kanzlerin, sie werde das gelenkte Land verlassen, wenn es Grenzöffnungen aus Freundlichkeit nicht tolerieren wolle, verfing nicht. Erst als die nächste Chance für Gefühlsmanagement am Horizont erschien, ein Bändigungsauftrag für Wogen des Bürgerunmuts, der durchs Land rollte, startete die Kanzlerin den nächsten Überraschungscoup. Willkommen und Abschied sollten plötzlich eins werden. Verabschieden und Abschieben klang ja ähnlich genug, um den Gefühlssturm aus dem Bürgerlager im Wahljahr eilig einzufangen.

Da Merkels Herrschaft auch eine Schule des Vergessens war – keiner stellt die Unberechenbare, alle schwenken ins Lager der gelenkten Demokraten um –, konnte sie sich darauf verlassen, dass niemand sie jetzt mehr als Willkommenskanzlerin anreden würde: »Wir müssen schneller werden«, die neue Formel der Abschiebekanzlerin, zeigt das eisige Machtprofil einer Machtspezialistin, die sich an die Spitze der gefühlsstarken Gegner ihrer Flüchtlingspolitik setzt und den Widerstand in autoritäre Machtpolitik umpolt. Der Widerstand hat damit sein Thema verloren. Und die Kanzlerin korrigiert auch gleich rückwirkend die Beleuchtung ihrer Grenzöffnungsaktion: »Mitleid war nicht mein Motiv.« Und keiner fragt nach. Deutschland hat gelernt, nicht nach der Konsistenz der Machtpolitik seiner Kanzlerin zu fragen. Damit hat die Chefin ein wesentliches Merkmal autokratischer Machtvollkommenheit erreicht.

Gefühle, alleingelassen von unserem Verstand, lassen sich von außen steuern und manipulieren. Starke Gefühle können auch vom Fühlenden selbst nicht mehr eingefangen werden, wenn er nicht gelernt hat, sie mit ihrem Erfolgspartner, der Ratio, zusammenzubringen. Der gesamteuropäische Widerstand gegen die Herrschenden in den Ländern der EU ist gefühlslastig und vernunftfeindlich; nur so lassen sich so viele Anhänger an den Rändern der bedrohten Demokratien gewinnen wie in Frankreich, den Niederlanden, in Spanien, in Deutschland.

Wenn in dieser Lage die sogenannten Eliten an der Macht dasselbe Konzept verfolgen – Gefühle füttern, Gedanken ächten –, dann ergibt sich ein Patt, aus dem es scheinbar keinen Ausweg gibt. Es sei denn, die Joker des Systems, die kreativen Denker, zeigen den Ausweg: Die Beziehung von Gefühlen und Gedanken ist in Wahrheit ein Beistandspakt. Gefühle vergaloppieren sich ohne den Beistand der Gedanken, und Gedanken bleiben erfolglos ohne den Beistand der Gefühle. Noch einfacher kann man es verstehen, wenn man den *homo sapiens* als Sieger der Evolution bei seinen früheren Siegen beobachtet. Der *homo sapiens* begann als Flüchtling. Er war ein Kämpfer über seine *brainpower*, unterlegen nach der körperlichen Kraft. Er kämpfte mit seinen neuen Waffen, die er als Flüchtling vor den Stärkeren, den Raubtieren, verfeinert hatte: Er lebte im Kopf-

Herz-Kontrakt. Wenn seine Gefühle ihn überfielen mit Angst, Wut oder Glück, aus der Tiefe seines Stammhirns aufbrausend, dann mischten sich die jüngeren Schichten ein und drosselten das Tempo des Gefühlsorkans, noch ehe er sich selbst beschädigen konnte. Die Kardinalfrage »Kampf oder Flucht?« kann keine von beiden Instanzen allein beantworten. Das erworbene Know-how, die Erfahrung, schafft Abstand: die Trias Abwägen – Urteilen – Entscheiden beruhigt auch die aufgepeitschten Gefühle. Ein Prozess der Durchdringung von Gefühlen mit Gedanken und von Gedanken mit Gefühlen läuft mit. Der erregte Mensch spürt: Gefühle profitieren von Gedanken, Gedanken profitieren von Gefühlen.

Autokratie made in Germany

Merkel-Deutschland zeigt eine gezielte, aber verschlüsselte Variante der Autokratie. Alle Großprojekte der Regierung Merkel starten als Alleingänge der Kanzlerin. Die Barrieren, die sie wegräumt, damit die Kollegen mitmachen, sind meist Rechtsnormen und Verfassungsgebote. Das Motto »Modernisierung« tarnt diese Großangriffe auf die demokratische Grundordnung unzulänglich. Die EU-Führungsgremien ließen Merkels Spielart eines avantgardistischen Kurses in metademokratisches Neuland auch deshalb zu, weil die ökonomische EU-*Leadership* Deutschlands in Europa »alternativlos« schien.

Als Flankenschutz für den autokratischen Trend entwickelte sich eine Tabukultur auf den Meinungsmärkten, die ihren größten Triumph erst in unseren Tagen feiert: »Offenheit« zeichne uns aus, so bescheinigen wir uns selbst, und die politische Topetage gibt ein ganzes Werteset frei zum verbalen Schlussverkauf. »Unsere Werte, unser Rechtssystem, unsere Verfassung, unsere Freiheit, unsere Demokratie« stehen ganz vorn im Schaufenster des Wahljahres. Achtung: Nur als Sprachbaukasten, nicht für Täter. Nicht für Kritiker des deutschen Wegs in metademokratisches Gelände, wo die Macht dieser großen demokratischen Grundversprechen endlich gebrochen ist. Nur deshalb ist die Freigabe der Vokabeln aus dem Credo der Demokratiegläubigen für alle Quasselbuden der Republik jetzt möglich geworden.

Wenn die Demokratie die Hüterin der Spielräume für Recht und Werte, Freiheit und Würde war, wer hütet diese Güter bis zum Tag X, an dem sie nicht mehr entbehrlich erscheinen? Macht das der »starke Staat«? Kann er das? Und wer ist er ohne uns, wenn wir machtlos gestellt werden?

Darum reden wir doch von diesen Stärken, die wir im Auftrag der Bürger sichern wollen – sagen die Politiker. Ist es wirklich klug, in einer Zeit der Entdemokratisierung in wichtigsten Machtzentren der Erde die demokratischen Sicherungssysteme in Bürgerhand – Freiheit und Wettbewerb im Rahmen der Rechtsordnung, Berechenbarkeit und Verlässlichkeit zwischen Staat und Bürgern, zwischen EU und Nationalstaaten – in ein autokratisches Experiment zu schicken, das die Bürger nötigt, kühne Alleingänge von Spitzenpolitikern zu tolerieren und immer mehr legitime Bürgermacht aus den Parlamenten zu entlassen?

Deutschland und die EU sind längst zu aktiven Playern im weltweiten neuen Versuchsgelände der autokratischen Versuchung geworden. Prozesse beschleunigen, Widerspruch ausschalten, Bürgerköpfe in den *brainwash* »Globalisierung« schicken, bis ihnen die Ideen für ihr eigenes Wohl ausgehen, weil sie global zu argumentieren lernen: eine Welt, in der der »starke Staat« das Bürgerwohl neu definiert. Genau das tun die Autokraten in Europa auch. Wie erklären wir, dass unsere Regierung nicht dazugehört? Nur weil sie sich gegen die Staatschefs Ungarns, Polens, der Türkei, Amerikas stellt, die mächtig geworden sind durch autoritäre Ausflüge aus der Demokratie in unwiderstehliche Machtgewinne durch Zentralismus? Wie wollen deutsche Politiker vermeiden, dass die Grenzen zu den autokratischen Vertragspartnern auf Diktatorenkurs fließend werden?

Ablenkungsmanöver wie das symbolische Angebot, »unsere Demokratie« und »unsere Werte« zusammen mit »unserer Rechtsstaatlichkeit« in die abgedrifteten Staaten zu exportieren, taugen allenfalls für deutsche Bürger, die getäuscht werden möchten.

Seit es der deutschen Regierung gelungen ist, die bedrohlichste Krise ihrer Reputation in einen Höhenflug auf den einzigen noch unbesetzten Spitzenplatz in der Hierarchie der Menschenrechtschampions zu verwandeln, schlägt das Streberherz vieler Deutschen wieder im vorgegebenen Takt der Kanzlerin:

Als *humanitäre Superpower* will die Kanzlerin Deutschland aus dem unheimlichen Szenario der Einladung Hunderttausender, die niemand kennenlernte, um sie einschätzen zu können, befreien.

Gutsein als ein neudeutsches Privileg in der Geschichte wollen die meisten deutschen Bürger nicht so einfach wieder aufgeben. Deshalb versagt erneut die Kontrolle, die der Souverän, der Bürger auf den Straßen und in den Parlamenten, seinem autoritär erstarkenden Staat zumuten müsste. Dass Deutschland als Arkadien für internationale Völkerwanderungen zugleich ein Imperator neuen Stils wird, nehmen die meisten Bürger nicht wahr. Ein Imperator, der als Meister in Softskills durch die Geschichte geht, kann Eroberungen nicht mit traditionellen Angriffswaffen durchführen. Also lässt er einwandern. Die Macht einer Imperatorin im Amt der deutschen Kanzlerin wächst damit doppelt: Sie wird Herrin über Millionen von Schicksalen, gleichviel, wie viele von diesen Millionen Menschen ihre Empfangskorridore unerkannt durchlaufen haben. Und sie wird Gläubiger jener Länder, aus denen die entflohenen Bürger fremder Kulturen kommen. Sie erreicht eine neue Mäzenatenrolle in beide Richtungen. Darauf zu zeigen reicht vorerst. Längst ist zumindest Europa an das Prinzip »Worte statt Taten« gewöhnt.

Ein grenzenloses Europa muss scheitern – Freiheit ohne Grenzen macht Knechte

Grenzenlose Großzügigkeit scheitert ebenso wie grenzenloser Machtwillen.

Wer Freiheit sucht, wird sie nur im Schutz von Grenzen finden.

Nichts geht ohne Grenzen

Als Deutschland wieder eins wurde, fiel eine Mauer. Die Grenzen von Deutschland-Ost zu überschreiten, war bis dahin lebensgefährlich. Viele »Republikflüchtlinge« starben in den Selbstschussanlagen der Grenzzäune.

Vielleicht hat sich in den vierzig Jahren der deutschen Teilung eine Dämonisierung von Grenzen ins westdeutsche Bewusstsein geschlichen. Der Subtext zu »Grenze« war: Menschen trennen, die zusammengehören. Demokratiefeindlich regieren. Staatswirtschaft statt Marktwirtschaft verordnen. Freiheiten kassieren, die Presse auf Staatskurs zwingen, ein Spitzelsystem wie ein Fangnetz über menschliche Beziehungen legen. Ideologische Kommandos an die Stelle der Meinungsfreiheit setzen.

Die Grenze, die Deutschland zerschnitt, war für die meisten Westbürger und viele Ostbürger eine Grenze, die Gut und Böse erbarmungslos voneinander trennte: Mängelwirtschaft von Marktwirtschaft, Wohlstand von Dürftigkeit und staatlichem Druck, Freiheit von Unfreiheit. Eine böse Grenze, gleichviel, von welcher Seite man sie betrachtete. Eine Grenze, die einen »Todesstreifen« auswies, den lebend zu überqueren nur wenigen gelang.

Ist das Niederlegen von Grenzschranken, wie es im Jahr 2015 die deutsche Kanzlerin im Alleingang praktizierte, aus diesem Grenztrauma der DDR-Zeit zu erklären? »Grenzen sind böse« als Grunderfahrung? Mauern müssen fallen als fester Refrain, der inzwischen weltweit undifferenziert auf alle Mauerbauten antwortet.

Aber die deutsche Kanzlerin gehörte nicht zu denen, die an der Überwindung der deutschen Grenze interessiert waren. Sie mied die Montagsdemonstrationen. Wenn Freunde bei ihr klingelten, um sie dazu einzuladen, sagte sie: »Das bringt doch nichts.« »Wir sind das Volk« hat die junge Angela Merkel nicht mit den Tausenden draußen skandiert. Aber eine Erfahrung hat sie sicher festgehalten: Grenzen fallen. Die stolze staatspolitische Geschichte der Grenzen zwischen den Völkern und ihrer rechtlichen Sicherung durch hochdifferenzierte Übereinkünfte und Verträge zwischen den Staaten hat die spätere Kanzlerin weniger interessiert. Ihr Machtkonzept entsprach der Erfahrung: Systeme sind vergänglich. Grenzen sind relativ. Sie lassen sich verschieben, wenn das dem Machtzuwachs dient. Mehr noch: Grenzen kann man sprengen, wenn man die Macht hat, sich über das Gesetz zu stellen. »Grenzverletzer« werden normalerweise bestraft. »Grenzüberschreitungen« haben sogar im metaphorischen Sinn einen Beiklang des Illegalen.

Grenzen niederzulegen, dieser europaweit gewagte Bruch mit dem bewährten Völkerrecht, wurde im Schengen-Abkommen nicht ohne Euphorie als ein Präludium für ein grenzenloses Zusammenwirken der EU-Mitglieder geltendes Recht. Der unkontrollierte Grenzübertritt für Reisende war zur Gewohnheit geworden, die sogar Gastländer dieses Abkommens, wie die Schweiz, einlud mitzumachen. EU-Mitglieder mit und ohne europäische Einheitswährung waren über Schengen unter einem Vertragsdach vereint.

Bis die steigende Zahl von Flüchtlingen aus anderen Kulturräumen die Brüsseler Hüter der Schengen-Regel auf die Probe stellte. Zahllose Lecks in den Grenzanlagen europäischer Länder ließen unzählige Unbekannte jene marginalisierten Grenzstreifen passieren, die eigentlich ein freundschaftliches Projekt freier Staaten zum Thema hatten – nicht aber die Fluchtkorridore von inkognito reisenden Migranten werden sollten, die ihre Identität verschleierten, um das Optimum an Konditionen an den Ufern Europas zu holen.

Nur die deutsche Kanzlerin zog aus den Hunderttausenden illegaler Grenzübertritte eine epochemachende Folgerung: illegale Grenzverletzungen von außen innen zu legalisieren. Das machte einen großen Unterschied. Die Kanzlerin hatte lange in einem Unrechtsstaat gelebt, der sich als Rechtsstaat ausgab.

Auch Recht und Gesetz, das zeigen die Höhepunkte ihrer Amtsführung, sind in ihren Augen relativ. Das ist ein durchaus autokratischer Standpunkt.

Sind wir damit tatsächlich in eine Ära »nach Grenzen« eingetreten? Wird es Zeit, den Erfolgskurs von Europa radikaler festzuschreiben, indem die Grenzen aller europäischen Länder ausradiert werden? Das wäre viel mehr, als Schengen leisten sollte. Nachdem Schengen aber totgesagt ist, verspricht ein Rückkehrversuch kaum Erfolg. Abgeräumte Gesetze sterben meist den Glaubwürdigkeitstod. Sie nehmen den Respekt der Bürger mit, wenn sie fallen.

Warum überhaupt bestimmen Völker, im guten Fall einvernehmlich, die Grenzen, in denen sie leben wollen? Warum haben schon vor Tausenden von Jahren archaische Kulturen die Ränder des Terrains markiert, auf dem sie sicher leben wollten? Grenzsteine und Mauern, Grenzzäune und Absperrungen aus Lehm oder Zweigen signalisierten außen: Stopp! Wer bist du? Und von innen: nachschauen, wer kommt. Woher kommst du? Wie heißt er, was zeigt er als Zeichen seiner Herkunft? Alle Besiedler eines geschützten Geländes, das sie als ihr Eigentum betrachteten, pendelten zum Jagen und Sammeln nicht ohne das, was heute der Personalausweis oder Pass leistet: ein oft magisch aufgeladenes Zeichen, das alle Mitglieder bei sich trugen, schützte sie draußen und sicherte ihnen drinnen den Zugang. Der Zusammenhalt in Grenzen schützte vor Feinden. Niemand hätte als Einsiedler leisten können, was die Gruppe bot: Jeder kann etwas anderes, die Menschen brauchen einander. Und jeder möchte angstfrei und in der Wärme des wechselseitigen Vertrauens leben.

Menschen möchten sich aufeinander verlassen. Sie brauchen und organisieren Schutz vor Feinden. Sie sichern ihren Lebensunterhalt und planen gemeinsame Projekte. Sie suchen Angstfreiheit und wünschen sich Aufbrüche ins Unbekannte nur dann, wenn die Rückkehr ins Vertraute möglich bleibt.

Die Friedensfreunde in einigen Ländern Europas wenden ein: Wir brauchen keine Grenzen mehr, weil wir keine Feinde abweisen wollen. Wer zu uns kommt, wird als Freund empfangen und hat keine Chance, unser Feind zu werden.

Diese illusionäre Sicht auf das Geschehen rund um Europa, inklusive der traditionellen Kriegsführung des Nachbarn Putin und die Räumkommandos des Präsidenten Erdoğan in der Bevölkerung der Türkei, hat sich auch angesichts der Terrorakte im grenzenlosen Europa nicht aus dem wirklichkeitsfernen Konzept bringen lassen.

Die Immunstörung der europäischen und der deutschen Politik, minus jener Staaten, die ihre Knechtschaft unter russischer Kommandowirtschaft nicht vergessen haben, wirkt fort und gefährdet inzwischen sogar den europäischen Traum. Es ist der falsche Traum, eine verantwortungslose *peacekeeping story*, die seit Jahren das europäische Führungspersonal in ihren Bann zieht: Ein Europa ohne Grenzen sei auf dem besten Weg, Weltmacht zu werden. Weltmacht wird der Kontinent nur, wenn er das Elysium der Friedfertigen mit klaren Grenzen sichert und an den Grenzen des Bündnisses die richtigen Fragen stellt: Wer bist du? Woher kommst du? Was willst und kannst du bei uns tun?

Wer heute behauptet, genau das sei ja gerade auf die neue Agenda gerückt, der mag im Beschwichtigungstross der politischen Führung einen »guten Job« machen. Wir haben es aber in der Katastrophe, die für Hunderttausende Unbekannte auf europäischem und deutschem Boden das erste Kapitel einer unheilbaren Entwurzelung ist, mit mehreren irreversiblen Fehlerbilanzen zu tun. Die eben berührte ist eine der totgeschwiegenen Bilanzen: Wer bei uns fünf oder sechs Jahre Behörden-Entschleunigung seines Schicksals erleidet, gleichviel ob mitschuldig oder nicht, der nimmt ein zusätzliches Trauma mit, gleichviel ob er bleibt oder geht, während wir Stimmung machen mit der Weichzeichnerei seines Fluchttraumas.

Wenn wir die Türen zu Europa so weit aufmachen wie geschehen, dann handeln wir uns eine Verantwortung ein, die wir nicht erfüllen können. »Wir schaffen das« war ja deshalb ein so verräterischer Satz, weil er die vorgeschaltete Frage vom Tisch wischte: »Können die Objekte unseres Willkommensstolzes schaffen, was hinter ihnen und nun vor ihnen liegt? Wie rechtfertigen wir unsere Selbstüberschätzung und unsere Ignoranz?«

Grenzen schützen. Sie schützen auch den Entflohenen aus fernen Landen vor dem Eintritt in ein Ambiente, das ihm nur scheinbar und für kurze Zeit als das Mekka seiner langen Leiden verklärt erscheint.

Einer Grenzverletzerin aus Überzeugung – wie der Bundeskanzlerin – müsste eigentlich auch bewusst sein, dass in allen Weltreligionen und den Mythen, die sie aufnahmen, die Grenze zwischen dem Alltagsvollzug und den metaphysischen Bekenntnissen eine heilige Schwelle war. Noch heute trennen die Kathedralen des Mittelalters den Raum der Gläubigen vom heiligen Bezirk der Geistlichen durch Schranke oder Schwelle, durch Stufen, die nicht betreten werden. Die Gläubigen stärken diese Unterscheidung des göttlichen Raums vom weltlichen. Kirchenmauern sind es, die Verfolgten Zuflucht gewähren. Noch ruft niemand: Reißt die Mauern nieder! Wird das kommen?

In allen Paradiesmythen ist der Raum des größten Versprechens von einer magischen Grenze umgeben. Man kann das Elysium nicht einfach stürmen, das Paradies nicht erobern wie eine verbotene Stadt. Wer die Grenze dorthin, die auch als Nebel oder Wolke erscheint, aber undurchdringlich bleibt wie die dickste Mauer, überschreiten will, muss das Codewort kennen, das die Schranke niederlegt, die Wolke transparent macht. Im großen Versprechen der Mythen an die Wanderer zu dieser magischen Schwelle, die oft von weither kommen und Gefahren bestanden haben, steht ganz oben der Sieg über die Angst und die Entwaffnung aller Feinde. Im christlichen Schöpfungsmythos erlebt das erste Menschenpaar die Unüberwindlichkeit des Schutzwalls um das Paradies von der anderen Seite: Die beiden Flüchtlinge aus dem göttlich geschützten Bezirk, wo alle Leiden schweigen, werden die verlassene Schwelle nie wieder, nie in umgekehrter Richtung überqueren können.

Als »antiimperialistischen Schutzwall« bezeichnete die DDR-Führung die schwer bewaffnete Mauer in Deutschland. Auch Diktatoren schätzen Mauern: Sie schützen sich dahinter vor ihrem Volk. Stadtmauern signalisieren, was auch Kinder in ihren Sandkastenspielen spontan durch kleine Wälle einander zusichern: hier drinnen, da draußen. Hier mein, da dein. Das Recht auf Eigentum gehört zu den Grundrechten der Demokratie. Mauern helfen bei der Unterscheidung zwischen privat und öffentlich. Die »offene Gesellschaft« überschätzt sich. Während sie Mauern zum Abriss freigibt, kassiert sie ein Menschenrecht: Geborgenheit im Schutz von Mauern zu erfahren. Grenzverletzer von innen haben begonnen, Europa wehrlos zu machen.

Probt Europa die Überwindung der Demokratie? – Ist die EU als Grossprojekt ein Demokratiekiller?

Sind übernationale Großprojekte wie die EU Demokratiekiller?

Wird die Planwirtschaft der Gefühle und Gedanken das Projekt Europa erfolgreich machen?

Ist Europa ein metademo-kratisches Projekt, das die Demokratie übertrifft?

Entgrenzung war das Prinzip von Europa. Die tollkühne Entscheidung der politischen Vorträumer für die Währungsunion der ungleichen Volkswirtschaften war nicht nur überheblich; sie war auch so riskant, dass man sie bereits am Start als ein *Loser*-Programm für die Volkswirtschaften Südeuropas definieren konnte. War deren Schwächung unter dem überbewerteten Euro ein Teil des Projekts *ever closer union*? Ein Schelm, wer das unterstellt.

Aber bei den fortdauernden wiederum hochriskanten Korrekturversuchen am entgleisten Projekt verschärfen sich Versuchungen, die schön bei den humanitär maskierten »Rettungsschirm«-Aktionen ihren verführerischen Reiz entfaltet haben: Euro-Milliarden für den Souveränitätsverzicht. Die versammelten »Retter« in Brüssel waren und sind überzeugt, dass »mehr Europa« durchaus auch mit weniger Souveränität der überschuldeten Südeuropäer zu erreichen sei. Der europäische Traum hat also offenbar verschiedene Gesichter.

Die Systemreparatur in Sachen Euro wurde ganz kühl als das höhere Ziel definiert, verglichen mit dem radikalen Zugriff auf Menschenrechte, der die Bildungs- und Arbeitsbiografien unzähliger junger Bürger Europas vernichtet hat. In diesem Licht gewinnt die *humanitäre Superpower* Germany ebenfalls ein doppeltes Gesicht.

Die angestrebte Mischung der Kulturzustände potenziert ja nicht automatisch das Lebensglück der Eingereisten, die ein paar Hundert Jahre Zivilisationsgeschichte in wenigen Lebensjahren »nachholen« sollen. Das Schlagwort »Integration« schluckt alles weg, was wir über die Lernfähigkeit unseres Gehirns nach der frühen Kindheit wissen. Was die deutsche Regierung sich zutraut, widerspricht dem verfügbaren wissenschaftlichen Wissen über den Wechsel zwischen ungleichzeitigen Kulturen im Erwachsenenalter. Der Kulturschock wird systematisch unterschätzt. Das Wohl der Einwanderer zu managen, traut man sich leichtsinnig zu – oder spielt es die geringere Rolle?

Die jungen Männer im erwartungsvollen Alter um die fünfundzwanzig kommen, wie unschwer zu erkennen ist, nicht alle als Armutsflüchtlinge. Ihr Gesundheitszustand ist durchweg gut, wie die medizinischen Dienste bestätigen. Ihr Privileg zu Hause war das Mobiltelefon: Der Blick in reiche Länder reichte für die Vermutung, dort gäbe es reiche Karrierechancen. Zusätzliche Einladungsgesten aus dem gelobten Kontinent Europa ermutigten auch die Zögernden. Wenn junge Männer nach diesem Abenteuer des Weltenwechsels auf steiniges Gelände treffen, überfordert das viele. Ihr jugendlicher Tatendrang ist damit aber nicht erledigt; sie sind gefährdet in einer unbekannten Welt voller Verlockungen, in der sie spürbar nicht dazugehören. Ermessen die Politiker diese Mitverantwortung, wenn sich dann lange Wartezeiten anschließen und die erträumte Teilhabe an Einkommen und Status nur von den wenigsten erreicht wird?

»Unsere Art zu leben« ist im Lichte der Selbstverpflichtung, die wir zugunsten unserer Reputation in der Welt schultern wollen, kein unantastbares Ideal. So ungenau der selbstgewisse Refrain formuliert ist – er zeugt von Selbstgewissheit. Selbstkritisch betrachtet, ist aber gerade unser Menschenbild unmerklich auf den Prüfstand geraten.

Überschätzen wir nicht unsere Macht, wenn wir als Champions in *humanities* auftreten, während die selbst gestellten Aufgaben uns überfordern? Wird der Menschenrechteprofi Deutschland seiner multifunktionalen Rolle in Europa gerecht, wenn zu dieser »Art zu leben« auch die *laisser-faire*-Haltung gegenüber den Diktatoren Putin und Erdoğan gehört? Deutschland führt auf diesen Kriegsschauplätzen seit Jahren EU-*Lea-*

dership vor, die den Witterungsverlust der politischen Führung zum Programm für autokratische Standards im Umgang mit EU-Zukunftsvisionen macht.

Was die Regierung »unsere Werte« nennt und ungern genauer beschreibt, ist eine Schwundstufe des vitalen Wertekanons, der Rechtsnormen zum Schutz der Bürger unangetastet lässt, damit wir die Feinde »unserer Art zu leben« erkennen können. Dieser Wertekanon koppelt Schutzversprechen mit Anforderungen an die Bürger, die nur so lange wirken, wie die Regierenden sie nicht selbst verletzen. Werte relativieren, heißt, Werte machtlos stellen. Gebrochene Versprechen sind ebenso wenig das Privileg »alternativloser« Entscheider in Spitzenämtern wie Grenzverletzungen im Umgang mit Wahrheit und Lüge, die normale Bürger vor Gericht bringen würden.

Der »Konsens«, den wir beim schleichenden Verlässlichkeitsverlust der Institutionen und der Parteien zur Tugend erklärt sehen, ist ein getarnter Fluchtversuch aus unserem Wertekonsens als Demokraten. Die Bundeskanzlerin darf sich als Avantgardistin dieses Wertewandels sehen: Aus der Demokratentugend der wertegeleiteten Debatte um schwierige Entscheidungen im Feld der Menschenwürde ist ein Placebo geworden: Konsens ohne Debatte im Stil von Einheitsparteien unter autokratischer Führung. Gelenkte Demokraten lernen den Generalkonsens als Machtmittel kennen und lieben. Sie praktizieren ihn selbst, wenn sie todernste Differenzen zwischen den beiden großen Volksparteien auf das Niveau von Schulhofrangeleien herunternivellieren. Auch die gelenkten Demokraten wirken so mit am Sterben des demokratischen Disputs. »Vertragt euch!«, die von den Medien mitgetragene Kündigung des demokratischen Wettbewerbs bedeutet auch, dass wehrhafte Demokraten ihre Waffen resigniert bei einer politischen Führung abliefern, die genau diese Kapitulation auf ihrer Agenda hatte.

Ein demokratisches Europa »der Vaterländer« und Muttersprachen ist bei vielen Brüsseler Spitzenpolitikern nicht mehr auf der Agenda. Ein Europa der Weltbürger, so das avantgardistische Konzept, braucht eine zentralistische Führung. Solange die Staaten Europas an ihrem Demokratiekonzept festhalten, verzögert sich die Realisierung des autokratischen Entwurfs für Europas künftige Führungsstruktur. Die zentralistische Vision gewinnt aber wieder an Tempo, wenn Länder wie Deutschland in einem Kerneuropa mit quasi gelenkten Demokratien auftreten, um dem gelenkten postdemokratischen Europa neuen Schwung zu geben.

Offen bleibt einstweilen die Frage, ob die Preisgabe demokratisch erkämpfter Bürgerrechte tatsächlich eine *conditio sine qua non* für die Stabilisierung der EU ist. Die Verwerfungen, die das untaugliche Währungskonzept ausgelöst haben, werden autokratisch nicht revidierbar sein. Die Korrekturversuche an diesem europäischen Handicap haben zusätzlich demokratische Substanz ausgelöscht: Die verstaatlichte Energiewirtschaft Deutschlands wirft ihre Schlagschatten auf die Energiepolitik der Nachbarländer; der unverhüllte Dissens zur Flüchtlingspolitik verzehrt weiter demokratische Energie. Die deutsche Tabukultur beim Flüchtlingsthema spaltet die deutsche Gesellschaft, und das Passepartout »Populisten« ist ebenso antidemokratisch wie viele Staatsfeinde auf den Straßen der Mitgliedstaaten. Dass sie demokratisch garantierte Rechte ausbeuten, kann ihnen eine wankende postdemokratische Führung so lange nicht vorwerfen, wie sie selbst an der Entkernung der Demokratie beteiligt ist.

Europa als metademokratische Vision wird sich vor der autokratischen Versuchung nicht schützen können, solange die nationalen Spaltungen in den Mitgliedstaaten den europäischen Zentralismus als Ausweg zu rechtfertigen erlauben. Ein Europa der Weltbürger, die in vielen politischen Systemen zu Hause sein sollen, ist ein Projekt zur Verschärfung des Handicaps, mit dem die späte Demokratie unterwegs ist. Weltbürger sind ein Elitenkonzept, das die Macht der Massen unterschätzt.

Aufbruch ins Unbekannte und die Sehnsucht nach Geborgenheit sind die Erfolgsgaranten für den heute erreichten Standard der großen Kulturnationen gewesen. Weil der *homo sapiens* den Widerspruch zwischen diesen beiden Grundbedürfnissen ertragen wollte, um keines von beiden opfern zu müssen, wurde er zum Sieger der Evolution. Die Demokratie hat beide Kernimpulse aufgenommen, statt einen von beiden »alternativlos« zu stellen.

Demokratie ist langsamer als Autokraten. Demokratie in übernationalen Organisationen wie der EU lebt in der autokratischen Versuchung. Gelenkte Demokraten vergessen, dass sie die Machtreserve der Demokratie sind. Wenn ihre Mandatsträger, die Führungspolitiker, demokratische Grundrechte ihrer Mandatsgeber verspielen, wird niemand sie aufhalten – außer den Demokraten, denen sie Rechenschaft schulden.

Der »starke Staat« als Fluchtversuch in autokratische Freiräume unterliegt der demokratischen Kontrolle. Verzichten die Bürger darauf, bleibt der starke Staat gefährdet durch den Sog der autokratischen Entscheidungsbeschleuniger in der Nachbarschaft. Nur der Souverän kann die politische Führung daran erinnern: Der Staat gehört den Bürgern.

Nachweise

1 Zur Machtgeschichte der deutschen Kanzlerin bis zum Jahr 2012 vgl. Gertrud Höhler: *Die Patin. Wie Angela Merkel Deutschland umbaut.* Zürich: Orell Füssli, 2012.

2 Zur sogenannten Rettungspolitik vgl. auch Gertrud Höhler: *Die Patin,* a.a.O.

3 Zum strategischen Emotionsmanagement der Kanzlerin am Objekt Fukushima, vgl. Gertrud Höhler, *Die Patin,* a.a.O., S. 103–123.

4 Eine stark gekürzte Fassung dieses Textes erschien als Gastkommentar im *Handelsblatt* vom 24./25./26.07.2015.

5 Teile dieses und des folgenden Kapitels erschienen als Gastbeitrag in der Schweizer Wochenzeitung *Die Weltwoche* Nr. 39/2015.

6 Eine stark gekürzte Fassung dieses Textes erschien als Gastkommentar im *Handelsblatt* vom 07.02.2016.

7 Zur Erosion von Rechtsnormen und Wertbeständen, vgl. Gertrud Höhler, *Die Patin,* a.a.O.

8 Eine stark gekürzte Fassung dieses Textes erschien im Februar-Heft 2016 der Zeitschrift *Cicero* als Gastbeitrag.

9 Eine stark gekürzte Fassung dieses Textes erschien als Gastkommentar im *Handelsblatt* vom 10./11./12.06.2016.

10 Vgl. dazu Gertrud Höhler, *Die Patin,* a.a.O., S. 106–114.

11 Eine stark gekürzte Fassung des Textes erschien als Gastkommentar im *Handelsblatt* vom 17.12.2015.

12 Zum Trauertatort Breitscheidplatz in Berlin siehe in diesem Buch das Kapitel »Grenzen fallen – Die Überwindung der Demokratie macht Fortschritte. Trauer muss misslingen«, S. 131ff.

DANK

an Annalisa Viviani

Annalisa Viviani ist der *hidden champion* eines Berufsbildes, das es nicht gibt. Sie versteht das, was man früher ›Lektorat‹ nannte, als ein Projekt für Erfolgsmanagement: Jedes Buchprojekt ist ein Joint Venture zwischen dem Verlag und dem Autor.

Wer zum ersten Mal mit Annalisa Viviani arbeitet, entdeckt als Erstes, dass er nicht wusste, was ein Buch ist. Wer immer wieder mit ihr arbeitet, wird süchtig. Ein Autor, dem das zustößt, plant schließlich das nächste Buch nur zu diesem Ziel: mit dieser Multimanagerin zusammenzuarbeiten.

Sie ist die liebenswürdigste, perfekteste und unerbittlichste Begleiterin bei dem unwiderstehlichen Abenteuer, die wilde Sprache in Büchern an die lange Leine zu legen.

Danke, liebe Annalisa Viviani!
Gertrud Höhler

Register

S

Samaras, Antonis 88
Schengen 208f.
Schmidt, Helmut 17
Schulz, Martin 15–19, 178, 191f.
Schweden 107
Schweiz 208
Selbstermächtigung 92, 147
Siemens 44
Spanien 36, 106, 200
SPD 16–19, 27, 47, 49f., 70, 159, 191
Syrien 76

T

Tauber, Peter 37
Terror 125–128, 134, 175, 181f., 193, 198, 210
Thyssen-Krupp 44
Töpfer, Klaus 45
Trump, Donald 13, 136, 153, 161, 163f., 169, 174
Tsipras, Alexis 85, 88, 100
Türkei 14, 21, 23f., 73, 154, 171, 187, 203, 210

U

UdSSR 55, 57
Ukraine 24, 56ff., 64ff., 69, 74, 76, 78–81
UN 78

Unberechenbarkeit 16, 35, 101, 114, 121, 160, 162, 166, 185, 195, 199
Ungarn 73, 144, 147, 154, 203

V

value change 184
Verfassung 20, 23, 25, 48, 131, 139, 145f., 152, 160, 199, 202
Verfassungsverstöße 48
Verfolgung 171, 188, 211
Verhaftung 21, 171
verlorene Söhne 123–128
Vertrauen 18, 58, 67, 88f., 139, 185, 195, 209

W

Wagenknecht, Sahra 17
Wehrpflicht 68, 173
Welcome-Story/-Party 103–107, 117
Weltregierung 171
Werte 16, 20, 24f., 29, 33, 38, 48, 50f., 58, 65, 67, 69, 78, 91, 97, 105, 111, 119, 125, 127, 131, 135, 138f., 141, 143–146, 149, 153, 160, 163, 165, 174f., 179, 182f., 184–188, 193, 202f., 217, 221
Wertegemeinschaft 91, 97ff.
Wertetraditionen 179ff.
Werteverluste 184ff.
Wertewandel 184, 217

Prof. Dr. Gertrud Höhler ist Literaturwissenschaftlerin, Stipendiatin der Studienstiftung des deutschen Volkes, Autorin und Beraterin für Topmanager und ihre Erfolgspartner aus Wirtschaft und Politik. 1972 wurde sie an den Lehrstuhl für Germanistik der Universität Paderborn berufen. 1993 legte sie die Professur nieder, um als freie Publizistin und Unternehmensberaterin zu arbeiten. Sie hat zahlreiche Bestseller zu kulturwissenschaftlichen, gesellschaftlichen, wirtschaftlichen und politischen Themen veröffentlicht und ist international bekannt für ihre visionäre Unternehmenskultur und ihre scharfsinnigen Prognosen.

Neben Persönlichkeiten aus der Politik wie Ex-Bundeskanzler Helmut Kohl setzen auch führende deutsche und Schweizer Firmen auf ihre Expertisen. 1987 bis 1990 entwickelte sie mit Alfred Herrhausen die strategische Kommunikation der Deutschen Bank.

Neben ihren Aktivitäten im Managementbereich hat sich Gertrud Höhler in Beratungsausschüssen und Verwaltungsräten engagiert. So war sie u. a. Mitglied des Beirates des Verteidigungsministeriums für Fragen der inneren Führung, Fellow des Wissenschaftskollegs Berlin, Mitglied des Senats der Fraunhofer Gesellschaft, Board Member des UK-Konzerns Grand Metropolitan, der Schweizer Versicherung Bâloise Holding, des Chemiekonzerns Ciba und des Ingenieurkonzerns Georg Fischer.

1988 erhielt Gertrud Höhler als erste Frau den »Orden wider den tierischen Ernst«. Sie schreibt regelmäßig Artikel für führende Fachzeitschriften und Tageszeitungen. Ihre hohe Fachkompetenz und charismatische Persönlichkeit machen sie zu einer begehrten Referentin auf nationalen und internationalen Foren. Für ihr Engagement wurde sie 1999 mit dem Bundesverdienstkreuz ausgezeichnet.

Foto: © Alexander Lichtblau

Veröffentlichungen in Auswahl

Die Patin. Wie Angela Merkel Deutschland umbaut. Zürich: Orell Füssli 2012

Götzendämmerung. Die Geldreligion frisst ihre Kinder. München: Heyne 2010

Das Ende der Schonzeit. Alphafrauen an die Macht. Berlin: Econ 2008

Aufstieg für alle. Was die Gewinner den Verlierern schulden. Berlin: Econ 2007

Jenseits der Gier. Vom Luxus des Teilens. Berlin: Econ 2005

Warum Vertrauen siegt. Berlin: Econ 2003

Die Sinn-Macher. Wer siegen will, muss führen. München: Econ 2002

Wölfin unter Wölfen. Warum Männer ohne Frauen Fehler machen. München: Econ 2000

Herzschlag der Sieger. Die EQ-Revolution. München: Econ 1999

Herzschlag der Sieger. Die EQ-Revolution. Düsseldorf: Econ 1997

Wettspiele der Macht. Düsseldorf: Econ 1994

Spielregeln für Sieger. Düsseldorf: Econ 1991

Die Bäume des Lebens. Baumsymbole in den Kulturen der Menschheit. Stuttgart: Deutsche Verlags-Anstalt 1985

Die Kinder der Freiheit. Träume von einer besseren Welt. Stuttgart: Deutsche Verlags-Anstalt 1983

Das Glück. Analyse einer Sehnsucht. Düsseldorf: Econ 1981

Spurwechsel

Roland Springer

Deutschland beschreitet in der Flüchtlingspolitik in Europa einen Sonderweg. Unter dem Banner humanitärer Hilfe werden Flüchtlinge ohne Begrenzung ins Land gelassen und finanziell versorgt. Bleibeberechtigten Flüchtlingen wird versprochen, sich in Deutschland eine neue berufliche Zukunft aufbauen und auf Dauer bleiben zu können. Hierfür werden sie als arbeitslose Hartz-IV-Empfänger von den Jobcentern der Agentur für Arbeit finanziell unterstützt und bei der Jobsuche betreut. Professor Springer beschreibt unter Bezug auf den Streit um das Für und Wider des deutschen Sonderwegs anhand von Fallbeispielen aus seiner ehrenamtlichen Flüchtlingsarbeit den realen Verlauf sowie typische Probleme der Integration muslimischer Asylbewerber und plädiert für einen Spurwechsel in der deutschen Flüchtlingspolitik.

176 Seiten | Softcover | 16,99 € (D) | ISBN 978-3-95972-058-8

Ein Buch für Selberdenker aus der EDITION TICHYS EINBLICK.
www.tichyseinblick.de – das Online-Magazin für Selberdenker.

Dunkelflaute

Frank Hennig

Täglich werden wir mit Begriffen konfrontiert, die im Ergebnis einer als alternativlos gepriesenen Energiewende verwendet werden oder durch sie erst entstanden sind. Zunehmend gehen Bezeichnungen der allgemeinen Vergrünung in den Alltagsgebrauch über. Wissen wir immer, wie und worüber wir eigentlich reden? Wissen und Glauben bilden Denken und Meinung. Der Trend geht zum Glauben. Frank Hennig greift Bezeichnungen auf und kommentiert sie – in nichtalphabetischer Reihenfolge. Locker lesbar, zuweilen zugespitzt, angereichert und gut durchgeschüttelt mit Fakten, Daten und Zahlen. Technisch-physikalisch fundiert nimmt er die Begriffe beim Wort und deckt auf, dass sie oft mehr verbergen, als erklären – denn es geht längst nicht mehr um die Erzeugung alternativer, sanfter Energie, sondern um Wege, an die öffentlichen Subventionstöpfe und schließlich an die Portemonnaies der Verbraucher zu gelangen.

272 Seiten | Hardcover | 16,99 € (D) | ISBN 978-3-95972-062-5

Ein Buch für Selberdenker aus der EDITION TICHYS EINBLICK.
www.tichyseinblick.de – das Online-Magazin für Selberdenker.

Merkel

Philip Plickert

»Sie kennen mich« – mit diesem Spruch warb Angela Merkel vor vier Jahren für ihre Wiederwahl. Doch wer ist Merkel wirklich? Was sind ihre Verdienste, was waren ihre größten Fehler? In diesem Buch ziehen 20 Professoren und Publizisten eine Bilanz der Ära Merkel. Der Herausgeber, FAZ-Redakteur Philip Plickert, hat renommierte Autoren versammelt, die das politische Wirken und die Person Merkels analysieren. Das Fazit: Die Kanzlerin ist ein Scheinriese, eine überschätzte Politikerin, die sich viele gravierende Fehler zuschulden hat kommen lassen. Angefangen beim verfehlten Management der Eurokrise, der planlosen Energiewende bis hin zu Merkels Agieren in der Flüchtlingskrise: Das Durchwursteln, Zaudern und Aussitzen der Kanzlerin wird Deutschland auch auf längere Sicht schwer belasten.

256 Seiten | Hardcover | 19,99 € (D) | ISBN 978-3-95972-065-6

Deutschland zwischen den Fronten

Gert R. Polli

Europa – und damit auch die EU – befindet sich in seiner bisher kritischsten sicherheitspolitischen Lage. Einmal mehr wird Deutschland zu einem Schlüsselfaktor für den weiteren Bestand der Union, wie wir sie kennen. Und doch scheint Deutschland wehrlos zu sein. Über Jahrzehnte hinweg hat eine falsch verstandene Partnerschaft mit den USA zu einer umfassenden Kontrolle und Überwachung Europas und vor allem Deutschlands geführt. An vorderster Front: amerikanische Geheimdienste und ihre Zuträger. Dr. Gert R. Polli, Gründer des Österreichischen Bundesamtes für Verfassungsschutz und Terrorismusbekämpfung, gibt als Insider erstmals einen exklusiven Einblick in die Hintergründe des Kampfs um Europa.

304 Seiten | Hardcover | 19,99 € (D) | ISBN 978-3-95972-012-0

Wir schaffen das – alleine!

Andreas Marquart | Philipp Bagus

»Nur die Vereinigten Staaten von Europa werden es den Europäern ermöglichen, im Wettbewerb mit Asien und Amerika bestehen zu können!« Diese These ist zum zentralen EU-Glaubenssatz ohne Alternative geworden und wird ohne jede Rücksicht auf Kosten oder den Widerstand der Bevölkerung verfolgt. Tatsächlich aber gedeihen in riesigen, zentralistisch organisierten Staatsmolochen weder Innovation noch Freiheit, sondern Bevormundung, Korruption und Verschwendung. Freiheit und Wohlstand hingegen zeichnen Klein- und Kleinststaaten aus, die weitaus besser gegen Korruption gefeit und auch – das zeigen historische und gegenwärtige Beispiele – sehr viel friedliebender sind. Gerade deshalb lohnt sich, so zeigen Andreas Marquart und Philipp Bagus, eine scharfsinnige Analyse der Behauptung »Groß ist einfach besser«.

160 Seiten | Hardcover | 14,99 € (D) | ISBN 978-3-95972-043-4